Johan Hendrik Gallée, Otto Behaghel

Altsächsische Grammatik

Johan Hendrik Gallée, Otto Behaghel

Altsächsische Grammatik

ISBN/EAN: 9783743488359

Hergestellt in Europa, USA, Kanada, Australien, Japan

Cover: Foto ©Paul-Georg Meister /pixelio.de

Manufactured and distributed by brebook publishing software (www.brebook.com)

Johan Hendrik Gallée, Otto Behaghel

Altsächsische Grammatik

ALTSÄCHSISCHE GRAMMATIK

VON

O. BEHAGHEL UND J. H. GALLÉE.

ERSTE HÄLFTE.

LAUT- UND FLEXIONSLEHRE

BEARBEITET

VON

J. H. GALLEE.

HALLE.	LEIDEN.
MAX. NIEMEYER.	E. J. BRILL.

1891.

Vorwort.

Während ich als fortsetzung oder vielmehr zum ersatz meiner Altsächsischen Laut- und Flexionslehre (Haarlem 1878) eine neue Heliandgrammatik plante, welche sich auch auf die kleineren denkmäler erstrecken sollte, gelangte in mir der vorsatz zur reife, eine suche nach unbekanntem quellenmaterial anzustellen. Wirklich fand ich in Essen und Düsseldorf noch glossensammlungen, gleichzeitig wurden andere glossare von Madhan in Oxford und in den Ahd. Glossen von Steinmeyer und Sievers veröffentlicht. Dadurch wurde ich veranlasst, alle texte sorgfältig zu revidieren und ein wörterbuch des Altsächsischen mit grammatischem apparat auszuarbeiten, welches ich binnen kurzem anderswo zu publicieren hoffe. Aus den zu diesem lexicographischen zwecke angelegten sammlungen entstand vorliegende kleine grammatik, und es liegt die befürchtung nahe, dass dieselbe durch zu grosse gedrängtheit an einigen stellen, durch zu grosse ausführlichkeit an anderen die art ihrer entstehung verraten könne. Ich habe mir möglichste beschränkung aufgelegt und bei der ausarbeitung namentlich Braunes Gotische Grammatik zum muster genommen, deren anlage dem studierenden grosse vorteile darbietet. Da eine as. grammatik kaum ohne vorhergehendes studium einer oder mehrerer anderen germanischen sprachen zur hand genommen werden dürfte, glaubte ich mich für die behandlung allgemein germanischer spracherscheinungen vielfach mit einem hinweise auf Braunes ahd. grammatik und Sievers ags. grammatik begnügen zu können. Im allgemeinen sei es gestattet, den benutzer meines buches, wofern dieser eine stärkere heranziehung der germanischen und indogermanischen sprachgeschichte vermissen sollte, auf Brugmanns Grundriss so wie auf den I. Band von Pauls Grundriss und auf verschiedene aufsätze in den Beiträgen von Paul und Braune zu verweisen, wo sich auch manche auf das as. bezügliche frage, die von mir nur kurz berührt werden konnte, ausführlich in ihrer historischen entwicklung erörter findet.

Vermissen wird man vielleicht auch die benutzung der eigennamen in urkunden und heberollen. Diese habe ich bei seite gelassen, da es mir in vielen fällen unmöglich war zu entscheiden, ob die betreffenden namen von Sachsen und nicht vielmehr von fränkischen schreibern aufgezeichnet sind. Die formen der eigennamen erhalten besondren wert für die idiomatische abgrenzung verschiedener gegenden; zu diesem zwecke bedürfen sie aber einer sehr genauen untersuchung und beschreibung, wie dies z. b. durch Althoff geschehen ist. Bisher fehlte mir dazu die gelegenheit.

Zwischen dem druck der ersten und der letzten bogen ist längere zeit verlaufen, da berufsgeschäfte mir nicht erlaubten die fertigstellung des buches so zu beschleunigen, wie ich es gewunscht hätte. Daher konnten einige neuere schriften, welche sich auf die ersten bogen beziehen, nicht mehr für diese benutzt werden. Namentlich gilt dies von § 3 a. 1: meine dort ausgesprochenen ansichten über die herkunft der Heliandhss.. sind durch Kögels worte in Pauls Grundriss I, VIII, § 48, und durch Jostes' aufsatz im Hist. Jahrbuch XII, 76. einigermassen modificiert. In meiner ausgabe der as. denkmäler hoffe ich ausführlicher auf diese frage eingehen zu können.

Vorwort.

Dass es mir ermöglicht worden ist, meine grammatik der sammlung in der sie erscheint einverleibt zu sehen, verdanke ich nächst dem herausgeber derselben vor allem der rühmenswerten selbstlosigkeit meines hochverehrten collegen Prof. Dr. O. Behaghel, welcher die von ihm geplante as. grammatik zurück nahm und mir den vorschlag machte, diese grammatik gemeinschaftlich herauszugeben. Dabei sollte der erste teil, die laut- und flexionslehre, von mir bearbeitet werden, während die wortbildung und syntax aus Behaghels feder den zweiten teil bilden sollte. Die grossen vorteile, welche diese arbeitsteilung mir eingebracht, und den vielfachen nutzen, den mir die reichen kenntnisse meines mitarbeiters gewährt haben, weiss niemand besser zu würdigen als der verfasser dieser zeilen, der ihm dafür öffentlich seinen dank ausspricht. Ferner bin ich für zahlreiche verbesserungen und für die durchsicht der druckbogen meinen freunden Prof. Dr. P. J. Cosijn, Dr. F. Holthausen und Dr. E. F. Kossmann zu herzlichem danke verpflichtet.

Utrecht, April 1891.

J. H. Gallée.

Inhalt.

	Seite
Einleitung § 1—3	1

Lautlehre.

Einleitung § 4, 5	4
I. Abschnitt. Die vocale § 6—84.	5
Cap. I. Allgemeines § 6, 7	5
Cap. II. Die vocale der stammsilben § 8—52	5
A. Uebersicht über die einzelnen vocale § 8—18	5
B. Die histor. entwicklung der as. vocale in stammsilben § 19—52	8
1. Die urwestgerm. vocale § 19	8
2. Die entwicklung der urwestgerm. vocale im altsächsischen § 20—52	8
a) Kurze vocale § 20—34	8
b) Lange vocale § 35—40	14
c) Diphthonge § 41—52.	17
Cap. III. Die vocale der nebentonigen und tonlosen silben § 53—84.	21
A. Die vocale der endsilben § 54—62	21
B. Die vocale der mittelsilben § 63—73	23
C. Die vocale der praefixe § 74—84	29
II. Abschnitt. Die consonanten § 85—155	31
Cap. I. Allgemeines § 85—87	31
Cap. II. Die einzelnen consonanten § 88—155	32
A. Sonore consonanten § 88—103	32
1) Halbvocale § 88—95	32
2) Liquidae § 95—98	34
3) Nasale § 99—103	35
B. Geräuschlaute § 104—155	36
1) Labiale § 104—114	36
2) Gutturale § 115—133	40
3) Dentale § 139—155	47

Flexionslehre.

	Seite
I. Abschnitt. Declination § 156—251	55
Cap. I. Declination der substantiva § 156—203	55
A. Vocalische declination § 156—193	55
1) Die *a*-declination § 156—166	55
a) Reine *a*-stämme § 157—161	55
b) *ja*-stämme § 162—165	57
c) *wa*-stämme § 166	59
2) Die *ó*-declination § 167—174	59
a) Reine *ó*-stämme § 168, 169	59
b) *jó*-stämme § 170—173	60
c) *wó*-stämme § 174	61
d) Feminina auf *i* § 175, 176	62
3) Die *i*-declination § 178—186	63
a) Kurzsilbige § 178—181	63
1) Masculina § 178	63
2) Feminina § 179	63
3) Neutra § 180	64
b) Langsilbige § 182—186	64
1) Masculina § 182, 183	64
2) Feminina § 184, 185	65
3) Neutra § 186	66
4) Die *u*-declination § 187—192	66
a) Masculina § 188, 189	66
b) Feminina § 190, 191	67
c) Neutra § 192	67
B. Consonantische declination § 193—203	68
Die *n*-stämme § 193—199	68
a) Masculina § 193—195	68
b) Feminina § 196—198	69
c) Neutra § 199	70
C. Kleinere declinationsklassen § 200—203	71
1) Stämme auf -*r* § 200	71
2) Stämme auf -*nd* § 201	71
3) Vereinzelte consonantische stämme § 202—203	71
Cap. II. Declination der adjectiva § 204—229	73
A. Starke flexion § 205—215	73
1) Reine *a-ó*-stämme § 207—210	73
2) *ja-jó*-stämme § 211—213	74
3) *wa-wó*-stämme § 214	76
4) *u*-stämme § 215	76
B. Schwache flexion § 216, 217	77
C. Declination der participia § 218, 219	77
D. Die steigerung der adjectiva § 220—225	78

Inhalt.

	Seite
E. Adverbia § 266—229	79
Cap. III. Die zahlwörter § 230—238	80
1) Cardinalzahlen § 230—234	80
2) Ordenalzahlen § 235—235	81
3) Andere zahlarten § 236—238	82
Cap. IV. Pronomina § 239—251	82
1) Ungeschlechtige pronomina § 239	82
2) Reflexivum § 240	83
3) Geschlechtiges pron. der 3. pers. § 241	83
4) Possessiva § 242	83
5) Demonstrativa § 243—245	84
6) Relativa § 246	86
7) Interrogativa § 247—249	86
8) Indefinita § 250	87
9) Adverbia § 251	87
II. Abschnitt. Conjugation § 252—325	88
Cap. 1. Die flexion der starken und schwachen verba § 254—267	89
Paradigmentabelle zu § 255	
1) Flexion des praesens § 256—264	89
a) Indicativ § 256—258	89
b) Optativ § 259	90
c) Imperativ § 260, 261	90
d) Infinitiv und gerundium § 262, 263	91
e) Participium § 264	91
2) Die flexion des praeteritums § 265—267	91
a) Indicativ § 265	91
b) Optativ § 266	92
c) Participium § 267	92
Cap. II. Die bildung der tempusstämme der starken und schwachen verba § 268—325	93
1) Die starken verba § 268—290	93
A. Ablautende verba § 271—283	94
B. Reduplicierende verba § 284—290	99
2) Die schwachen verba § 291	
A. Erste schwache conjugation § 292—303	101
B. Zweite schwache conjugation § 304—310	107
C. Dritte schwache conjugation § 311, 312	109
3) Die unregelmässigen verba § 313—325	110
a) Verba praeterito-praesentia § 313—320	111
b) Verba auf *-mi* § 321—325	112
1) Das verbum substantivum § 321	112
2) Das verbum *dôn* § 322	112
3) Die verba *gân* und *stân* § 323, 324	113
4) Das verbum wollen § 325	113
Zusätze und verbesserungen	115

Einleitung.

§ 1. Die **altsächsische sprache** ist eine niederdeutsche sprache und steht in engster beziehung zu der altenglischen, friesischen und niederfränkischen sprache. Bis zum anfang des 12. jh.'s hat sie diesen namen, von da ab spricht man meist von **mittelniederdeutsch**.

Anm. 1. Der name Sachsen ist an die stelle der verschiedenen namen altgermanischer völker getreten, welche mit den zum selben stamme gehörigen Sachsen einen völkerbund bildeten. Der name der Sachsen wird zuerst von Ptolemäus (circa 150) genannt; damals waren sie sesshaft in der östlich von der untern Elbe gelegenen gegend. Nach dem 3. jh. sind sie mit den Cheruskern, Fosen, Angriwaren, Chauken zusammengewachsen und haben auch andere stämme, wie die der Nord-Thüringer, Boructrer und Tubanten einverleibt.

In der zeit wo die sprachdenkmäler, welche uns die altsächsische sprache überliefert haben, entstanden, in den zeiten Karls des Grossen und seiner nachfolger, werden sie eingeteilt in Westfalahi, Angrarii, Ostfalahi und Albingii Septemtrionales, oder Westfalen, Engeren, Ostfalen und Nordalbingier, auch Northliudi genannt. (Capit. Saxon. Pertz Leg. I, 75 f.).

Mit den alten gauen in enger beziehung steht die einteilung des landes in diöcesen, welche unter Karl dem Grossen im anfang des 9. jh.'s zu stande kam. Ausser diesen sächsischen bisthümern hatten einen grossen einfluss auf die bekehrung der Sachsen und die aufzeichnung der für die bekehrung zu verwertenden schriften die Abtei von Fulda und das Erzbisthum Mainz, erstere vorzüglich in Engeren, letztere in Nord-Thüringen, in den bisthümern Halberstadt und Hildesheim. Der südwestliche teil, die gegend von Lippe und Ruhr blieb als altbekehrtes gebiet unter dem Erzbisthum Köln.

§ 2. Räumlich erstreckt sich jetzt die grenze der sächsischen sprache, welche seit der früheren zeit sich nicht viel verschoben hat, von der Elbe und Saale, als ostgrenze des gebiets, der Unstrut, als südgrenze, entlang über die südliche Harzgegend, Münden a. d. Weser, bis Valbert, dann in nordwestlicher richtung über Elberfeld, Werden, eine strecke dem alten Ysel entlang bis westlich von Doetinchem, von hier nördlich über Wichmond, östlich von Zütfen, um in der nähe von Gorsel über den Ysel zu gehen, bald aber zurück biegend in östlicher richtung in einer geraden linie bis Groningen; von hier bilden die Friesischen gaue die nordgrenze in den Ems-, Weser- und Elbegebieten.

Anm. Im südosten ist seit dem 13. jh. die sprachgrenze bedeutend nach norden gedrängt, so dass sie beinahe an der mündung der Saale abzweigt. Näheres s. Tümpel in Beitr. VII, 1 ff., Haushalter Die Sprachgrenze zwischen Mittel- und Niederdeutsch (1883), H. Jellinghaus Zur Einteilung der Nd. Mundarten (1884). Th. Siebs Zur Geschichte der Englisch-Friesischen Sprache (1889).

§ 3. Innerhalb dieser sprachgrenzen sind dialectische unterschiede zu erkennen. Die hauptdialecte sind: das Westfälische, welches sich in süd — und nordwestfälisch oder Münsterisch einteilen lässt, das Engrische, das Ostfälische, wozu noch die dialecte des nordthüringischen und der Hassagau kommen, in welchen gegenden sich kolonien von Warnen, Anglen, Friesen, u. a. befanden; vgl. Seelmann Jahrbuch d. Ver. f. Nd. Spr. XII, 1, ff.

Anm. 1. Welchem dialecte die hss. des Heliand zuzuweisen sind, ist schwer zu entscheiden, da die hss. wahrscheinlich vielfach umgeschrieben sind; vgl. hierüber Behaghel Germania XXXI, 378, Kaufmann Beitr. XII, 287, Gallée Beitr. XIII, 376. Vieles spricht für Kaufmanns meinung, dass der Cott. im östlichen teile Westfalens oder im südlichen Engeren geschrieben sei, nämlich in der gegend wo *mik* und *thik* und *mi* und *thi* gehört wird, wie in der gegend von Paderborn und Corvey. Die Münchener hs. bloss auf sprachliche gründe hin nach Münster zu verweisen macht schwierigkeit, da die Münsterer mundart in mancher hinsicht vom dialect des Monacensis stark abweicht. (Vgl. Kaumann Entwurf einer Laut-und Flexionslehre der Münsterischen mundart 1884). Nicht unmöglich ist es dass der Heliand ursprünglich geschrieben war in einem dialecte auf der grenze der Ost- und Westsachsen wo dialectische eigenartigkeiten beider sich hörbar machten.

Ausgaben des Heliand: von J. Andreas Schmeller Bd. I 1830 Bd. II (Glossarium) 1840, von J. R. Köne (Münster 1855), von Moritz Heyne (Paderborn 1866, 1873, 1887), von H. Rückert (Leipzig 1876), von E.

Sievers (Halle 1878) ein genauer abdruck beider handschriften, und von O. Behaghel (Halle, 1882), während das Prager fragment von H. Lambel in den Sitzungsberichten der Kaiserl. Akad. d. Wissenschaften zu Wien, (1881) herausgegeben wurde.

Anm. 2. Die meisten kleineren Denkmäler, [von denen ein teil herausgegeben ist von Moritz Heyne — Altniederd. Denkmäler, Paderborn (1867 1877) — und welche mit einigen neu gefundenen hss. im laufe dieses jahres in einer neuen ausgabe von meiner hand bei E. J. Brill (Leiden) erscheinen werden], können mit mehr oder minder sicherheit verschiedenen dialecten zugewiesen werden, da von einigen die orte der abfassung bekannt oder mit einiger wahrscheinlichkeit zu erschliessen sind.

Essener handschriften sind: Gregorii Homeliae mit as. glossen. Die Essener Heberolle, ein Bruchstück der Uebersetzung einer Homilie Beda's, jetzt in der Landesbibliothek zu Düsseldorf.

Aus Corvey stammt wahrscheinlich eine hs. eines Evangeliars mit lat. und as. glossen jetzt in Essen, so wie eine Beichte, früher in Essen, jetzt in der Landesbibliothek zu Düsseldorf. Die Hamburger hs. der Leges Alamannorum und der capit. Ansegisi, welche einige as. glossen enthält, gehörte der inschrift nach einst zur bibliothek von Corvey.

Werdener hss.: Die Werdener Heberolle, Prudentius mit lat. und as. glossen jetzt zu Düsseldorf.

Aus Münster und der gegend von Münster sind: die Oxforder Vergilglossen und die zwei hss. der Freckenhorster Heberolle, von denen die eine, die Kindlinger benützt hat, (teilweise in G. Fischer Beschreibung typographischer Seltenheiten II (1803) herausgegeben), jetzt verschollen ist. Die andere befindet sich nicht in Berlin (wie Heyne angiebt), sondern im K. Staatsarchive zu Münster.

Aus Ostfalen, vermutlich aus Halberstadt, stammt die altsächsische predigt über Ps. IV und V, auch Psalm-Commentar genannt, welche nicht mit Heyne nach Werden versetzt werden darf, da sie aus dem *mik*-gebiete stammt.

Aus Lammspringe bei Hildesheim die glossen zu Juvencus und Poeta Saxo, hs. 553 (Helmstadt) in Wolfenbüttel, herausgeg. v. E. Steinmeyer Althochd. glossen II, 351, 366.

Die Merseburger glossen wird man am sichersten der gegend von Merseburg selbst zuzuweisen haben. (Hierin sind anglische wörter. s. Beitr. IX, 530 u. Jahrbuch d. Ver. f. Nd. Sprache XII, 23).

Wahrscheinlich in Fulda sind geschrieben die Abrenunciatio diaboli und der Indiculus superstitionum.

Unsicherer herkunft sind die Wiener Segenssprüche (vielleicht aus Münster, s. §, 33 anm. 7), Das Abcdarium von St. Gallen und die Strassburger Glossen, deren hs. in Strassburg verbrannt ist.

In Lindau befindet sich ein Evangeliar mit as. glossen, s. Steinmeyer Althochd. glossen I, CCCLXVIII, e.

Lautlehre.

Einleitung.

§ 4. Die schrift in welcher die altsächsischen sprachdenkmäler verzeichnet sind, ist das lateinische alphabet. Da dieses alphabet nicht genügte um die altsächsischen laute darzustellen sind in einigen hss. für zwei buchstaben neue zeichen ð und ƀ hinzugefügt; die as. orthographie ist, durch die schwierigkeit mit den lateinischen buchstaben die as. laute getreu darzustellen, oft schwankend und unsicher.

Anm. 1. Die zeichen ð, ƀ finden sich in allen hss. des Heliand; weniger im Monacensis als im Cottonianus, auch das Prager fragment hat sie. Der schreiber des Cottonianus scheint nur hie und da d und b selbst mit dem querstrich versehen zu haben; an vielen stellen rühren die querstriche von einer anderen, wahrscheinlich gleichzeitigen hand, vielleicht vom corrector her.

Anm. 2. Abkürzungen, obwohl in den lat. wörtern vielfach vorkommend, sind in as. wörtern selten. In den glossen findet sich vereinzelt ein wort zur hälfte geschrieben, nämlich der hauptteil oder die endung fehlend. dies geschah wenn der teil, welcher fortgelassen wurde, geläufig war und über den anderen teil zweifel bestehen konnte.

Anm. 3. Die schrift ist meist die karolingische minuskel, nur die Renunciatio und der Indiculus sind in ags. characteren geschrieben. Geheimschrift findet sich nur im Essener Evangeliar. In einem Codex aus Essen, der Gregors Homilien enthält, sind zahlreiche glossen, welche mit einem stilus in das pergament eingekratzt zu sein scheinen und nur bei genauer beobachtung lesbar sind.

§ 5. Die bezeichnung der länge der vocale findet sich nur selten. Einige male findet man lange vocale, welche mit einem acut versehen sind, vereinzelt trifft man doppelschreibung des vocals. In anderen hss. wieder, wie z. b. im Düsseldorfer Prudentius ist auf den acut kein wert zu legen, da er über kurzen und langen vocalen ohne unterschied verwendet ist.

I. Abschnitt. Die Vocale.

Cap. I. Allgemeines.

§ 6. Die vocale und diphthonge des altsächsichen sind ausgedrückt durch die zeichen *a, e, i, o, u, uo, iu, eo, io, ea, ia* und vereinzelt *æ*.

Anm. *æ* ist wohl ags. einfluss zuzuschreiben. s. § 18.

§ 7. Von diesen zeichen haben *iu, eo, io, ea, ia* diphthongische geltung. Das im Cottonianus, Prudentius, der Psalmenpredigt u. a. gebrauchte *uo* für Monac. *ó* (got. *ó*) hat wahrscheinlich nicht den wert eines diphthongen. Es wird nämlich auch für *o* und *ó* (got. *au*) gebraucht. (s. Beitr. XIII, 373.) Die schreibung *uo* für *ó* und *o* ist wahrscheinlich dem einfluss der hochdeutschen schreibschulen (z. b. von Fulda) zuzuschreiben.

Vor vocalen hatte *e* meist den wert eines *i* (*j*): *wirkean, tyreas*.

Cap. II. Die vocale der stammsilben.

A. Uebersicht über die einzelnen vocale.

a.

§ 8. As. *a* ist 1) kurzes *a*, westgerm. *a* s. § 20, 21.
    »   *o* s. § 33, anm. 6.
    »   *u* s. § 33, anm. 6.
    »   *e* s. § 29 anm. 4.

2) langes *â*, westgerm. *â* s. § 35, westgerm. *ê* s. § 36.

langes *â* aus *ai* entstanden s. § 41 anm. 2.
altgerm. *au* (neben as. *ó*) s. § 43, 44.

§ 9, 10, 11, 12, 13. Uebersicht über die vocale der stammsilben

§ 9. Diphthonge mit *a* in erster stelle: *au*, westgerm. *aww*,
s. § 45, 46.
ao, westgerm. *aw*, § 44.

e.

§ 10. As. *e* ist 1) kurzes *e*, westgerm. *e* s. § 28, 29.
» *a* vor *r* s. § 20 anm. 2.
umlauts- *e* aus westgerm. *a* s. § 22. ff.
e aus westgerm. *i*. s. § 32 anm. 1, 2.
2) langes *ê*, westgerm., got. *ê*, ahd. *ea*, *ia*, s. § 37.
westgerm. *æ*, got. *ê*. s. § 36.
westgerm. *â* s. § '35.
westgerm. *ai* s. § 41, 42.
e für *eo*, *io*, *ie* s. § 49 anm. 1.
e für as. *ô* aus *aw* § 46.

§ 11. Diphthonge mit *e* an erster stelle:
ei für as. *ê* s. § 41 anm. 3.
ei aus *egi* § 42.
eu ältere form des *iu* s. § 47, 48 anm. 2.
eo neben *io* s. § 49.
eo aus *êo* s. § 50.
eo für *iu* s. § 48 anm. 1.
eu in *euw* s. § 52.

i.

§ 12. As. *i* ist 1) kurzes *i*: westgerm. *i* s. § 32.
i aus *e* hervorgegangen s. § 26 anm., § 30.
i für *u*, und *o* s. § 33 anm. 2.
i für *iu* s. § 48 anm. 2.
i » *io* s. § 49 » 1.
i für *e* § 29 anm. 3.
2) langes *î*, westgerm. *î* s. § 38.
as. *î* aus *in* § 31 anm. 3.
î neben alts. *ê*, westgerm. *ai* § 41 anm. 1.
î » westgerm. *ê*, got. *ê*, ahd. *ie* s § 37, 38.

§ 13. Diphthonge mit *i* an erster stelle:
ie, *ia* = westgerm. *ê* got. *ê* s. § 37.
ia = westgerm. *ai* § 41 anm. 1.

§ 13—17. Uebersicht über die vocale der stammsilben. 7

iu für älteres *eu* s. § 48.
ie = germ. *ai* § 41 anm. 2.
io aus älterem *eo* s. § 49, 50.
ie aus *eo* s. § 49.
ia aus *eo* s. § 59, 50.
io für *iu* s. § 48 anm. 1.
iu für *io* s. § 49 anm. 2.
iu in *iuw* s. §
iu aus *u+i* entstanden § 48, Anm. 3.

o.

§ 14. As. *o* ist 1) kurzes *o*:, gemeingerm. *o* aus *u*, s. § 33.
  o für alts. *a* s. § 20 anm. 1.
  o für *e* s. § 29 anm. 2.
  o für *io* s. § 49 anm. 2.
2) langes *ô*, westgerm. *ô* s. § 39.
  westgerm. *au* s. § 43.
  für as. *iu* s. § 48 anm. 3.
  ô durch zusammenziehung aus *ao* s. § 44, 46.
  ô aus *an* vor spirant, bei ausfale des *n* s. § 21.

§ 15. Diphthonge mit *o* an erster stelle:
ou, nur sporadisch und vielleicht nicht diphthongisch lautend für *ô* aus *au* s. § 43 anm. 2.
oi für as. *ô*, altg. *au* § 43 anm. 2.

u.

§ 16. As. *u* ist 1) kurzes *u*, altgerm. *u* so weit es nicht zu *o* geworden war, s. § 33.
2) langes *û*, altgerm. *û* s. § 40.
  û entstanden aus *un* vor spirant nach ausfall des *n* s. § 34.
  u für westgerm. *iu* s. § 48 anm. 1.
  »   »   *ô* s. § 39.

§ 17. Verbunden mit anderen vocalen erscheint *u* in:
  uo für as. *ô*, westgerm. *ô* s. § 39.
  » as. *o*, westgerm. *o* s. § 33 anm. 5.

§ 18, 19, 20. Die urwestgerm. vocale.

>uo für as. ó, westgerm. au s. § 43 anm. 2,
§ 44 anm. 2.
> as. û s. § 40 anm. 1.
ui für as. û s. § 40 anm. 1.

æ.

§ 18. In einigen hss. findet sich ae welches wahrscheinlich angelsächsischem einfluss zuzuschreiben ist. Dieses ae findet sich für ê (got. ê), s. § 37, und für as. ê (got. ai), s. § 41 anm. 2, einige male im Cottonianus und den Merseburg. glossen.

B. Die historische entwicklung der as. vocale in stammsilben.

1. Die urwestgermanischen vocale.

§ 19. In den folgenden paragraphen wird der erschlossene urwestgermanische vocalstand als ausgangspunkt für die beschreibung der as. vocale angenommen. Der kürze wegen werden wir diesen lautstand westgermanisch nennen.

Dieser auf dem wege der vergleichung reconstruirte altgerm. vocalstand ist folgender:

Kurze vocale: a (got. a), e (got. i, aí), i (got. i, aí), u (got u, aú).

lange vocale: â (got. â), æ̂ (got. ê, ahd. â), ê (got ê, ahd. ia, ie), î (got. ei), û (got. û).

diphthonge: ai (got. ai), au (got. au), eu (got. iu).

Anm. 1. Der übergang von e zu i (s. § 28 und 30 c) findet sich teilweise schon im urwestgermanischen, wie auch die spaltung des u in u und o, s. § 33.

Anm. 2. Indogerm. â war im urgerm. zu ô geworden. Das urwestgerm. â entstand durch dehnung des a bei ausfall eines nasals vor h in wörtern wie thâhta, fâhan, u. s. w. Im urgermanischen war, wie aus dem ags. zu schliessen ist, das â noch nasaliert.

2. Die entwickelung der urwestgermanischen vocale im altsächsischen.

a) Kurze vocale.

a.

§ 20. Germ. a ist meist unverändert geblieben, so weit es nicht durch umlaut in e übergegangen ist (§ 22); z. b. abaro,

§ 20, 21, 22. Kurze vocale: *a* und umlauts-*e*.

akkar, ando, bald, fagar, fahs, stark, swart; im praes. der VI ablautsreihe *faran, sacan, slahan,* und in den redupl. verben der I cl. wie *fallan, haldan, waldan,* etc.

Anm. 1. *o* neben *a* findet sich an einigen stellen im Cott. in den unbetonten praep. *of, fon, on,* in *thon* für *than*; zweimal in *mohta, mohtun, muohta* (574), vor *l*: *fold,* so auch Strsb. gl. *old, vivoldaran,* Prud. gl. *viffoldamo, of* (neben *af*). Im Monac. nur vereinzelt *fon* und *mohta*, einmal *mohtun* (148).

Anm. 2. Uebergang von *a* in *e* vor *r* findet sich in *ermberg* (Oxf. Vergil. gl.). Abwechslend findet sich *rasta* neben *resta*.

Anm. 3. Abweichend findet sich *e* für *a* in *dege* Mers. gl. (anglisch).

§ 21. Vor *n* blieb *a* in der regel unverändert. Aus *sanđ* und *anđar* entstand jedoch mit ausfall des *n* im altsächsischen *sôđ* und *ôđar,* woneben in M und C vereinzelt *âđar,* in C 2 mal *ander* gefunden wird.

§ 22. Umlaut. Durch ein *i* oder *j* der folgenden silbe konnte ein *a* zu *e*. gewandelt werden (Braune Ahd. gr. § 51).

Neben wortformen mit *e* finden sich andere worin sich das *a* noch erhalten hat.

Bildungen mit und ohne umlaut finden sich in den Heliandhss, in der Beichte, im Essener Evangeliar, im Taufgelöbniss in den Merseburger und Strassburger glossen und (meist mit umlaut) in der Freckenhorster Heberolle, so auch in den Prud. gl.: *frauilico, lauil, sagid* neben *huuession, eldi, gerdiun, ewi* (*agna*) u. s. w. Von den Heliandhss. ist der Cott. für den umlaut empfindlicher als der Monacensis, z. b. M. *gastion* C *gestion* und *gast-* *gestseli,* M *elilandig,* C *elilendig* M *elilendie,* M *habbiad* C *hebbiat,* M *mates* C *metes,* C *spenit,* M *spanit,* C *lehit* M *lahid* u. a. Regelmässigkeit ist aber nicht zu finden denn M. z. b. hat 2593 *ferid,* 2594 *tefarid,* ebenso *mannisk* neben *mennisk.*

Anm. 1. Regel ist im Heliand umlaut in den stammsilben der worte: *bed, gibeddio, beldian, bendi, beri, derian, derni, dernian, egiso, eldi, eli, engi, engil, erbi, felgian, fellian, festian, flet, fremiđi, hebig, heftian, bihellian, helið, hellia, heri, heti, hettian, kelik, lettian, megin, mengian, menigi, meri, merrian, meti, neglian, nerian, nett, quellian, quelmian, rediu, redion, regin, rekkian, restian, seggian, segina, seli, seliđa, sellian, sendian* (C 242 *sandi*), *settian, skenkio, skeppion, skerian, slekkian, sterkian, swerian, thekkian, thenkian, threki, wennian, werian, wernian, wređian, wrekkio.*

Anm. 2. Im praes. sg. plur. des verbum *willian* findet sich neben *i*

auch *e*, dass dies umlauts-*e* ist hat Sievers Beitr. IX, 562 ff. gezeigt.
Diese form mit umlauts- *e* hat sich auch auf das praet. ind. und. opt.
übertragen. Einmal findet sich in C 301 *walda*.

§ 23. Der umlaut wird verhindert durch *ht* und *hs*, jedoch
nicht in allen denkmälern: M und C *mahti, mahtig, uuahsid*;
Ess. Heb. *ambahta*, Beichte *alomahtigon*. Im Ess. Evang. *uuel-
mehttigon*, neben *unkrataga* (für *unkrahtiga*) *uncrefti*, in Mers.
gl. *thurslehti*, Fr. H. *ambehta*, Prud. gl. *uuehsitaflun*.

§ 24. Vor *l*+cons. haben Cott. und Mon. nicht immer um-
laut in der conjugation: M 3502 *giweldid* C *gewaldiđ*, M
1827 *haldiđ* (C *helith* für *heldit*), C 2536 *gehaldit*.

§ 25. Vor *r*+cons. findet sich ohne umlaut *warmian* in M
(*wermian* in C), sonst überall umlaut: C M *merrian* Cott.
gerwian M *garuwian* s. § 26, Strsb. gl. *umbiwerbi*.

§ 26. Ein *i* der dritten silbe bewirkt im allgemeinen kei-
nen umlaut, auch wenn der zwischenvocal ausfiel: C M *gimahlian,
gimahlid*, Oxf. gl. *gimahlida*, dagegen Ess. gl. *gimehlida*; nur
mittelbar wenn der zwischenvocal durch den einfluss des *i* in
i überging: z. b. *ađali* neben *eđili*, M *garuwian* C *gerwian*;
kein umlaut aber in M 1680 *gigariwit* C *gigerwit*, M 1685
gigariwi C *gigerwi*. Der umlaut findet sich später auch wenn
in zweiter silbe *e* stand: Freck. Heb. *eveninas*. '

Anm. Einige male findet sich im Hel. übergang dieses umlauts-*e* zu
i, so C 3450 *giriwan* (*gariwian*), M. 5267 *fiteriun*, C 338 *bringian*, in
Oxf. gl. *slingirun* neben *slengiran* (*balista, funda*), *mirikói, miriswin*.

§ 27. Wenn, nachdem der umlaut gewirkt hatte, das *i* aus-
fiel oder sich in *a* oder *u* verwandelte, blieb natürlich das *e*:
Hel. *betara*, Ess. Evang. *gibeldure* (praesumptuosior), *gikelcton*
(dealbatis), *sencta*, Prud. gl. *gibelda* (animarat), u. s. w.

e.

§ 28. Westgerm. *ĕ* ist, wie in den andern altgerm. sprachen,
teils *e* geblieben teils in *i* übergegangen. (Paul Beitr. VI 76
ff. Braune Ahd. gr. § 28).

§ 29. Unverändert blieb *e* vor *a, e, o* und in den verben
der III—V ablautsreihe (ausgenommen vor nasal+cons. s. §
30. b); so in den wörtern: *bera, erđa, helm, nebal, swestar,
thegan, westan*, — *helpan, bergan, geban, lesan* u. s. w.

Vor *u* blieb *e* in einigen wörtern, in anderen wurde es zu *i*: *ehu, eorid* (aus *ehurid* reiterei), *treuwa, hreuwa*. In Greg. gl. *sedu* sonst *sidu*; Prud. gl. *steculun*. Vgl. § 30 c.

Anm. 1. *e* wird *ae* geschrieben in M. 3173; *eo* in *steorra* C. 662 M *sterro*; *ea* in *weard* C 3711; Diese buchstaben sind wohl ags. einfluss zuzuschreiben, wie auch *frékni* statt *frókni*.

Anm. 2. Oft findet sich in C *wolda* für *welda*, einmal in M 1123; *wor-* für *wer-* im Essener Evang. *woroldi*; in der Hom. 14 *waroldi*. M. C. *wola* (einige male), Prud. gl. *wolnu, wolavenk* (o utinam), Ps. Pred. *wola thu drohtin*; sonst *wel* Hel. C und M, Prud. gl.. Der Monac. hat einmal *wala*. Das adv. von *gôd* lautet immer *wel*.

Anm. 3. Unregelmässiges *i* statt *e* (vor *a* in der folgenden silbe) findet sich in C *gifa* 654, *giba* 1197 wo M *geba* hat, so C. 1553 *gibat* (M *geban*), C 5947 *hriuonda*. Eine hand der Prud. gl. hat *gisiaha*.

Anm. 4. *a* für *e* hat C 3529 *bismar* (M *bismer*) Prud. gl. *trasahus*.

Anm. 5. *ie* für *e* haben Freck. H. *kietelaren, kietelkâpa*, Mers. gl. *kieljirithi*. Für das *ie* in der Freck. Heb. ist zu vergleichen der übergang von *e* in *ié* im Münsterer dialect, s. J. Kaumann l. c. § 7 und 8.

Anm. 6. *e* für ursp. *i* in *wehsal* etc. s. § 32 Anm. 1.

Anm. 7. *Swe* ward zu *su* in Ess. Evang. *gisustrithi*, Cott. *gisustruonion*.

§ 30. Westgerm. *ë* ist zu *i* geworden:

a) vor *i* oder *j* der folgenden silbe: *gibidig, hirdi, quiði, swiri, irri, wirrista* (Ess. Ev.), *stikion* (Prud. gl.); — *biddian, liggian* u. a. — *fillian, wirkian*; — in der 2. u. 3. pers. sg. prs. *gibis, gibit, ofardripid* (Prud. gl.), *gildit, wirpit* (Ess. Ev.), — im 2 u. 3 imper. sg. C *sih, gif, hilp* (M aber *seh, gef, help,*) Lindauer Evang. *utstik*, (Ess. Ev. *utsteka*). — *euw* vor *i(j)* wurde *iuw*: *hriuwi, triuwisto, hriuwig* (C 4030 *hreuuag*) vgl. § 52, (Beitr. IX. 539).

Anm. 1. Es finden sich aber verschiedene *e* wo *i* zu erwarten war; z. b. C *met*, M *mid*, C und M *tehinfald*; Ess. Ev. *errislon* neben *irrislon*. Prud. gl. *biscermiri*, s. § 32 anm. 1. (wogegen Greg. gl. *rihtere*); — Freck. H., Ess. H. *geldet*, Prud. gl. *belgid* neben *dripid* (inf. *drepan*). (Vgl. Paul Beitr. IV, 397, VI, 76, ff.).

b) vor folgendem nasal+cons. und bei den verben der IV cl. vor *m*: *bindan, drincan, minnia, biginnan, simbla, simnon,* — *niman*.

Anm. 1. *niman* hat im allgemeinen *i*, aber Cott. 3887 *bineman* und in der Ps. Pred. *ferneman*; *e* vor *nn* in Strssb. gl. *brennid*; in C M hat *brengian* C 2059, 2208 *brengan* umlauts- *e*. Neben *brengian* findet sich C 4598 *bringan*, wohl mit der 3. pers. sg. *bringið* zum starken verbum gehörend.

Anm. 2. *i* vor nasal+spirans wurde nach ausfall des *n* zu *i* in *fif, sithan, gisith, fithan* (C hat immer *findan*, M nur in vs. 4172, 5067, 5231, 5235), Prud. *hritherinon, hrithas*.

c) In mehreren wörtern findet sich ein alter übergang von *e* zu *i*, welcher verschiedenen ursachen zuzuschreiben ist (Paul Beitr. VI 79 ff.). Dieses *i* findet sich häufig wenn in der folgenden silbe *u* steht, ohne dass indess der übergang in *i* diesem *u* zugeschrieben werden muss. (Braune Ahd. gr. § 30 c.) So beim verbum in der 1. pers. sg. prs. ind. wobei einfluss der 2. und 3. pers. denkbar ist: *gibu, bifilliu, spricu, gisihu, gisiho*, (Hel.); *tebriku* (Ess. Ev.) *giuhu* Beichte Prud. gl. *gisiaha*, und in wörtern wie *filu, friðu, friðon, sida, nigun, sibun, iu*.

Anm. 1. Abwechslend stehen *i* und *e* in *geðu* M, *giðu* C 3082 (dat. sg. f.), *fehu* M (1637) *fihu* C, *seðun* C 3245, *sibun* M, C 3219 *sibunin* M *sibuniun*, so CM *tehun* aber Ess. Heb. *tian*, Freck. Heb. *tein*; Of. gl. *werð*, Prud. gl. *werd* und *wirth* (von verschiedener hand).

Anm. 2. Während C *ierid* M *eorid* (aus *churid* reiterei) hat, haben M und C immer *e* in *chu, heru, tresu*. (Prud. gl. *trasahus*). Auch vor *w* und *uw* immer *e* in *treuue* (holz), *beuuod, treuwa, hreuwa*, nur C 5947 *hriuonda* s. § 52.

Anm. 3. Das pron. pers. 2. pers. hat *iu* und *eu* (s. Beitr. XII. 380). In *knio, cneo*, d. pl. *kneohon* ist ursprüngliches *ew* durch vocalisirung des in auslaut getretenen *w* zum diphthong geworden.

Anm. 4. Beim pron. der 1. pers. findet sich *ec* im Taufgelöbnis; In den anderen denkmälern *ik, ic; mic* und *mi* wechseln ab mit *me* s. § 239 anm. 1, vgl. Paul, Beitr. VI, 85.

§ 31. Der wechsel, der zwischen *e* und *o*, *e* und *i* in einigen partikeln zu tage tritt, ist wohl unter dem einflusse des accentes entstanden. So stehen abwechselnd *ef* und *of, ef, gef, geb* und einmal im Monac. *af* (1523), *eftho, eftha, ettho* und *ohtho* in M.; auch Prud. gl. *af, ohtho* und *ofthe*; in den Gregor gl. wird einmal *of* über älteres *ohtho* geschrieben. (Ueber *ehtho ohtho* s. Mahlow s. 159 und Beitr. XIII, 120.)

Anm. *i* und *e* wechseln ab in *ti-* und *te-*, *gi-* und *ge-*. (vgl. Paul, Beitr. VI, 248).

i.

§ 32. Altes *i* bleibt gewöhnlich unverändert: *bil, biti, bittar,*

§ 32, 33. Kurze vocale *i* und *u, o*.

friðu, hlinon, list, quic, libbian; — Prud. gl. *stikion, bivon, scipa, scipilina,* Ess. Ev. *strikko, spil,* Fr. H. *pikas, wikon,* Strsb. gl. *scimo* schatten (ndl. *schim,* md. *schime* neben *scîmo* glanz), Segen A *visc* etc. — im praet. plur. und partic. der verba I cl. *bidun farliwan,* u. s. w.

Der nom. sg. pron. 3. pers. ist *hi, hie* und *he,* s. § 242, anm. 1.

Anm. 1. Alter übergang von *i* in *e* findet sich in *wer, werod, werold, wehsal* (auch *wesl*), *wehsitaflun* Fr. H. *versoange, gerston, spec*; wahrscheinlich auch in *scermiri, bescermian* (Prud. gl.). In einigen wörtern stehen abwechslend *e* und *i*: *lebot* C, *libod* M, *lebdin* M *libdin* C, *leccon* C, *liccon* M. Das fremdwort *segnon* (signare) hat immer *e*.

Anm. 2. In einigen formen der pronomina und partikeln wechslen *i* und *e*: *ira, era, it, et, wi, we, gi, ge, ni, ne* und *bi, be*.

Anm. 3. Ob *stemna, stemnia* ursprünglich *i* oder *ē* hatte ist unsicher.

u, o.

§ 33. Altgerm. *u* war aus indog. *u* oder *u* vor *l, m, n, r* entstanden.

Dieses *u* spaltete sich in *u* und *o*.

Vor *a, e* oder *o* in einer folgenden silbe wurde *u* zu *o*, ausser wenn nasalverbindungen oder *i* (*j*) dazwischen standen. In allen anderen fällen blieb *u*. (Braune Ahd. gr. § 32, § 52.)

Dieser vorgang findet sich wieder im altsächsischen und auch da, wo ein auf *u* folgendes *u* oder *i* in *o, a* oder *e* übergegangen war, und vor einfachem nasal blieb *u*.

Beispiele mit *o*: *bodo, bord, boro, giboht* (part. v. *buggean*) *dohter, fora, gold,* — im starken part. praet. *gibodan, giboran, bidolban* etc. Beispiele mit *u*: *brustian, buggean, burg, burio,* — *giburid, fruht, furi, furisto, guldin, hlust, druknian* (v. adj. *drokno*), — praet. pl. der starken verba der II und III cl *budun, gicurun* (C 1186 *gicuran*), *bundun, hulpun, gifrugnun* (ausgenommen C 3752 *gefrognun*) — im partic. praet. von verben mit nasal: *kumen, binumana, giwunnan*. — Vor nasalen: *fruma* (woneben *froma*), *gumo* (C einigemale *gomo*), *kuman, kumo, munan, munalic, stum, sum, sumar, suno, sunu*. — Vor nasal+cons. *brunno, dunnian, hund, hungar, jung* (*juguð*), *tungo*.

Anm. 1. Dieser übergang von *u* zu *o* ist im alts. nicht ohne ausnahmen. Verschiedene denkmäler zeigen unregelmässige formen neben regelmässigen: bei mehreren wörtern hat das eine denkmal, oder die eine handschrift die regelmässige form, die andere eine abweichende. So hat C

cossu M *cussu*, C *doron* M *durun*, C *duru* M *doru* C M *dore*, Im Hel.
C M, in Prud. gl., Ess. Ev. *drohtin*, Ps. Pred. *drohtines*, in Segen I *druhtin*, Hel. *druhtfolk*, in M *druhtskepi*, *druhtingos*, C *drohtscepi*, *drohtingos*.
M *forn-* C *furn-*, C M *orlag* neben C M *urlag*, M *giwurhti* C *giwrohti*,
in C und M *gihugda* und *gihogda*, *gihugdin* und *gihogdin*, C *gomo*
und *gumo* M *gumo*, C *drucno*, M *drokno* C M *giwuno* und *giwono*,
wunon und *wonon* (in C mehr mit *u* in M mit *o* geschrieben), C *furthron*
M *fordrun*, Greg. gl. *fortheron*, Ess. Evang. und C 2568 *hrênkurni*
Sonst im Heliand *hrêncorni*.

Nur *u* vor *a* haben: *dugan*, *full* (einmal M 261 *fol*), *fugal*, *ful*
(becher), *hluttar*, *mugan*, *up*, *upod*, *uppan*, *skulan*, *smultar*, *spurnan*,
wulf, Hom. *gefullon*, Mersb. gl. *bethurfan*, Fr. H. *ruslos*.

A n m. 2. In *baruurdig* C, (*baruuirdig* M offenherzig), *ênuuurdi* C
ênuuordi M (einig), *samuuurdi* C 5546, *samuurdig* Ess. Evang. ging das
o des subst. *word* über in *u*; einmal blieb es- in *ênuuordi*; *baruuirdig*
wurde wohl geschrieben, da *barwurdig* nicht mehr verstanden wurde.

Ein *i*, welches ags. einflusse zugeschrieben werden kann, haben C 264
drihtnes und 5627 *githrismod*, für *githrusmod*.

A n m. 3. Das verbum *unnan* hat im praet. immer *o*: *onsta*; daneben
subst. *abunst* (vgl. Behaghel Germania XXXI, 382).

A n m. 4. In vielen worten ist durch einfluss der analogie in der flexion
das *o* oder *u* des nom. sg. in allen casus durchgeführt; so in *goldu* (vom
n. sg. *gold*), *forhtian* (denomin. von *forht*), *mornian* neben *mornon*,
tholian neben *tholon*. In *worrian* ist *o* nicht aus *u* enstanden.

A n m. 5. Oefters findet sich *uo* = *ŏ* (nicht = *ô* s. § 39); z. b. in
guod (god), *thuoh* (thoh), *gidruog* (gedrog), *Thuomas* (Thomas), *thuoloian* (tholoian), Prud. gl. *afguod* (neben *wingodas*); — für *u* in *gedruogi*, *farmuonstun*; für *o* = *a* in *muohta* (s. Beitr. XIII, 373).

A n m. 6. *o* statt *u* findet sich in *solicon* C 872, *farnomen* Ess. Ev.;
a für *o* in C 835 *gibarancro*, C 1908 *farahtiat* C 4318, 4750 *farahte*
(*forhte*), *bifara* C 4860, *githalos* C 3097; Prud. gl. 13^b *af*; in Fr. H.
(Kindlinger's hs.) *tharp*, *harn*, *hanegas*; Mers. gl. *utbislatenun*.

o hatte also einen offenen klang, zumal vor *r*.

A n m. 7. Dem dialecte der gegend von Münster gehört wohl der übergang
von *o* in *e* in *hers* für *hros*: Oxf. gl. *wihherses*, Heberolle von *Hrossobrôc*,
im 13. jh. *Hersebrock* genannt; hierher auch wohl Segen A. *that hers*.

§ 34. *un* vor spirant wurde, wenn *n* ausfiel, zu *û*: *cûð*, *fûs*,
mûth; aber auch *mund*, Ps. Predigt 72 *munthe*, 76 *mŭthe*:
Oxf. gl. *imŭthi* (aus *gimundi*) ostium, Prud. gl. *cúth* neben *gimundi*.

b) Lange vocale.

â.

§ 35. Westgerm. *â*, aus *an* vor *h* entstanden, blieb *á*: *fâhan*, *háhan, áhtian, áhta, bráhta, tháï (fictile)* (Braune Ahd. gr. § 33.). *ê* findet sich in *êhtin* M 3845.

Durch zusammenziehung aus *aha* entstand *á* in *gimálon, gimálda* in C, wogegen M *gimahalda*.

Auch das lehnwort *stráta* schw. fem. hat langes *a*.

â̂, ê.

§ 36. Westgerm. *â̂, ê* (got. *ê*) ist nur zum teil unverändert geblieben. Seit dem ende des 8. jh's. erscheint dafür *á*. In eigennamen aus dem anfang des 9. jh's. aus Westfalen findet sich *ê* neben *á*. In Engeren und Ostfalen hat *ê*, neben *á*, sich in eigennamen bis in das 10. jh. erhalten (s. Bremer Beitr. XI 1,27).

Der Heliand hat für dieses *ê* meist *á* im Cottonianus, während im Monacensis *ê* häufig neben *á* erscheint, so M 2152 *bêdi* (aber 3027 *bâdi*) 2389 *séhan* (C *sáian serere*), 2779 *wêpanberand*, 2943 *wêg* (woge) (Ess. Ev. *wâgi*) 3159 *mêriaro*, 3322 *farlêtid*, 3495 andrêden (inf.), 3814 *landmégin*, 1605, 4100 *giwêdie* (1670 *giwâdi*), und *gêr*; das verbum *biknégan* hat in C und M das *ê* bewahrt; — im plur. praet. der st. v. der IV und V cl. meist *á*; mit *ê* nur C 810 *lesun*, C 1227 *gebun*. Von *stân* ist die 2 und 3. pers. sg. prs. ind. meist *stês, stêð* (Monac. hat 8 mal *stád*, einmal *steid*); von *gân* findet sich Homilia 14 *begêd*.

In andern wörtern haben beide hss. und auch die anderen denkmäler fast nur *á*: *âband, âðom, ârundi, bâg* (s. Tijdschrift v. Nedl. Letterk. V, 5), *dâd, grâdag, grâtan, lâtan, slâpan*, u. a. Von den andern denkm. weisen Hom. 2, 3 *bêdi, gêfi*, Prud. gl. *gewêde* neben *thrâan* (drehen) auf. Die Oxf. gl. haben *scaperêde, isuése, grê* (grau), *drênon* neben *drâna*. Merseb. gl. *ilétene*, neben *haerdrádh*. Strsb. gl. 32 *sciêp* (113 *wâdi*); Freck. H. immer *á* z. b. *scâp* ausser in *gêr* und vielleicht *lêri*, hs. Kindl. hat *kiésos*, hs. M *kâseos* (vgl. § 116).

Kein *ê*, nur *á* haben Ess. Evang., Beichte, (Ess. Heber. kein *á* belegt) und Segensprüche. In Hom., Strsb. gl., Prud. und Oxf. gl. finden sich viele wörter mit *á*, nur einige spuren des *ê*.

Anm. 1. In C und M steht einige male *dedun, dedin*, weit öfter *dâdun, dâdin*; dieses *ê* kann urspr. *ê*, aber auch ein durch einfluss des singulars in den plural eingedrungenes *e* sein.

§ 41, 42, 43. Diphthonge: *ai, au*.

swêgaron (ahd. *sweigari*), *hêm*; Segen II *flêsc, gihêlida*; Oxf. gl. *êc, gêt*; Mers. gl. *iwêgde, gewêgid, alleramêst*; Ess. Ev. *lêthu, gêstlico*; Prud. gl. *uuegescêth, frêson, thrêgon, mênfulligo*; Ps. Pred. *giscrêge, wêtes* (*hwêtes*) etc.

In *êowiht, êo, nêo* woneben *iowiht, io, nio*, sowie in *sêo*, (C 2897, 2906, 4318 *sêu*) *hrêo* (C 4101 *hrêu*), *sêola* wurde *êo* zu *eo*, und so behandelt wie der diphthong, s. § 50.

Anm. 1. Abweichungen sind: der übergang von *ê* in *i*, der sich einige male im Cott. findet: 1164, 1177 *bithion* (M *beðiun*), 1315 *gihrinid* (M *gihrênod*).

In Prud. gl. *ia* statt *ê* in *waganliasu* (ahd. *waganleisa*); *ie* in *skiethunga, kierta, bikiert*. In C 5109 findet sich *ie* für *ê*: *hiet* (M. *hêt*).

Anm. 2. Anglosaxonismen sind im Cott. 2250, 5080 *arǽs, arâs*, 2791 *gǽstas*, 5771 *hâlag*, 1114 *sârag*. In vs. 3144 ist *skân* statt *skên* (M), wahrscheinlich verschrieben durch einfluss des *an* in *wolcan*. — Unerklärlich ist mir *ansciann* C 5798.

Formen mit *â* finden sich auch im Taufgel.: *hâlogan gâst*. In den Mers. gl. 40 *ae* = *ê*: *aeschiadh*.

Anm. 3. Im Monac. sowie im Ess. Ev. und Prud. gl. findet sich einige male *ei* für *ê*: Mon. 359 *beidero*, 2265 *skreid*, Ess. Ev. *meinda, leimbilidares*, Prud. gl. *sweiga*.

Anm. 4. Die länge des *ê* ist in C angegeben durch *é*: 2985 *én*, 4367 *hét*.

Anm. 5. Ueber *thrégian* (in die enge bringen) und *wêg* (mauer) s. Cosijn in Taalk. Bijdr. II, 211.

§ 42. *ê* entstand aus *ai, ag* in *méster* M., C. und Beichte; in den Strsb. gl. ist *ai* aus *agi, egi* zu *ei* geworden in *eislic* (Hel. *egislic*).

au.

§ 43. Altgerm. *au* ist zusammengezogen zu *ô*.

Im Heliand ist im allgemeinen *ô* zu finden: *bôkan, bôm, dôð, dôd, dôpian*, u. s. w. — im sg. praet. der starken v. der II cl. *bôd, gôt, lôg, klôf*.

ô hatte offenen klang, wie die schreibung *â* beweist in M in *bâggebo, bâgwini, bâmo, lâgniad, scâniosta* (wofür in C *ô*), *thrâuuerk* (neben *githrêon*); von den anderen denkmälern weisen dieses *â* auf: die Fr. Heb. mit zahlreichen *â* für *ô*: *bânono, hâred, âsteron, brâdas* etc.; Strsb. gl. *hâp* haufen, Indiculus *dâdsisas*; Oxf. gl. *bâne, sumerlâdan*, aber daneben *bôm, hônithia*;

Greg, gl. *dágolnussi*. Die anderen haben nur *ó* für altes *au*.

Anm. 1. C schreibt einige male *ȯ* um *ō* zu bezeichnen, z. b. 2601 *hó*, 4915 *hóp*.

Anm. 2. Abweichende schreibung zeigen C 2139 *ou* für *ȯ*: *berouuoda* (M *berúbode*), C 379 *oi* für *o*: *scoinosta* (für *scóniosta*), 8 mal bietet C *uo* für *ó*, z. b. 4597 *gibuocnida*. Auch im Ess. Ev. einmal *uo* für *ó*: *múlbuoma*.

§ 44. Aus urgerm. *aw* entstand *ao* (vgl. Germ. XXX, 382). Teilweise ist *ao* zusammengezogen zu *ó*, teilweise geblieben oder zu *á* geworden. z. b. *ólat* (got. *awiliud*), in M neben zweimal *álat* in C 4091, 4636 (C 5013 *ólat*), *fró*, *froho*, *fraho*, *frao*, *fróhmód* (C) *fráhmód* (M), *frónisco* (C) *frónisco* (M), in der Beichte und Hom. *fraha*, *frá*, Ess. Ev. *frá* neben *fróon*, *fróno*, Prud. gl. *frónisco*.

Anm. 1. Dieses *á* wird als lang bezeichnet C 4091 *álat*.
Anm. 2. Statt *ǫ* hat C *uo* v. 4509, 4685, 5007, 5017.

§ 45. Altgerm. *aww* ist *auw* geworden, im auslaut *au*: 2807 C *bihauuan* M *bihauuuan*, 3820 C M *scauuon*, 1234 C *glauue* M *glauuue*; — C M *glau*, *thau* u. s. w. — Ess. Ev. *glauua*.

§ 46. von *aw+i* ist in C 3674 *aw* in *au* und *ó* übergegangen: *stróidun*, *githróon* (wahrscheinlich durch einfluss von subst. *stró*, *thró*, mhd. *dró* drohung); während in M das aus *aw*, *au*, entstandene *a* zu *e* umgelautet ist: *streidun*, ebenso Prud. gl. *utstreidun*, *streunga* und *euui* aqua; Ess. Ev. *werthid fartheuuid* (in ventrem vadit). (Vgl. dagegen Jellinek Beitr. XIV, 583).

eu.

§ 47. Der alte diphthong *eu* ist vor *i* (*j*) und *u* zu *iu* geworden. Vor *a*, *e*, *o* in der folgenden silbe ist *eu* zu *eo*, *io*, *ia* und *ie* geworden z. b. *biudu*, *biudis*, *biudit* neben *biodan beodan*, *briost*, *briast*, *liof*, *lief* etc.

§ 48. *iu* findet sich in der 1, 2, 3 sg. praes. indic. der abl. v. II cl. *biudu*, *biudis*, *biudid*, *fliutid*, *kiusid*, etc. in *diurian* (praet. *diurdun*), *liuhtian*, *niusian* und *niuson*, etc.; — in *diuriđa* (2140 C *diurthu* M *diurtho*), *liudi*, *liubi* (Ess. Ev.), *hliuning*, etc. — *githiudo*, *hiudu*; — in der 2 sg. imperativ *tiuh* C, *teoh* M 3201. — H. und S. *diuvil*, Taufg. *diobol*, *diabol*.

§ 48, 49. Diphthonge: *eu* (*eo, io, ie, ia*).

Anm. 1. Abweichungen sind: C 883 *durlico*, 3994 *durlic*, *luhtian eo* für *iu* C 1400, 4375 *leodion*, *leodo* (M *liud-*), C 635 *leohtan* (M *liuhtian*); *i* für *iu*: M. 1550 *lithun* (C *liudeon*); *io* für *iu*: M 3166 *gisioni*, 2606 *liohtean*; *ie* C 3610 *thiestre*.

Anm. 2. *eu* findet sich noch an einigen stellen im pron. pers. 2 pl. *eu* (ungefähr 22 mal in M), in M 1615 *leutcunnea*, in Oxf. gl. *cleuwin*.

Anm. 3. *iu* in *fiur* entstand aus *u+i* (*fu-ir*) s. Beitr. VI 244, *iu* in *biutan* aus *i+u*, hierfür C 3264, 4370 *bótan*.

§ 49. *eo* wird noch ziemlich häufig im Heliand gefunden: in M 161mal *eo*, in C 112mal *eo*; *io* in M 362mal, C 422mal. Daneben hat M 24 *ia*, 2 *ea*, 1 *o*; C 82 *ie*, 5 *iu*, 4 *eu*, 4 *e* 1 *ieo*, 1 *ia*, 1 *ea*, 1 *i*, 1 *o*. Das Prager fragment hat nur *io*. Von den anderen denkmälern haben die Freck. H., Mers. gl. und Oxf. gl. *ie*, Conf., Hom., Essener Ev. (1 mal *ie*) und Prud. gl. *ia*; Taufgel. *io* und *ia* in *diobol* neben *diabol*; so auch die Psalm-Predigt.

Nur *eo* haben in M: *geotan*, *heovan*, *dreogeri*, *eorid* (C *ierid*), *reomo*, *hleo*, in C: *hleotan*, *dreosan*, *skeo*; nur *io* haben in M und C: *liodan*, *fliotan*, *hiopo*, *liomo*; bloss in M haben *io*: *driosan*, *hliop*, *thiorna*, *thionost*, *skio*; in C: *giotan*, *liogan*, *tiono*. Überwiegend ist *io* in M bei *thiod*, *liof*, *lioht*, *thionon*, in C bei *thiod*, *biodan*, *niotan*, *briost*, *liof*, *thiof*, *diop*, *lioht*, *thiorna*, *thionon*, etc.; *eo* überwiegt in M bei *breost*, *neotan*, in C bei *hreop*, *seoc*. In anderen wörtern wie *thiodan*, *biodan* etc. ist in M das verhältnis ziemlich gleich.

ia erscheint in M: *thiad* (5 mal) *thiadan* (1 mal) *niatan* (1 mal) *griat* (1 mal) *kiasan* (1 mal) *liaf* (2 mal) *liagan* (1 mal), *siac* (2 mal) *diap* (7 mal), *liaht* (1 mal); in C nur in *thiadan*. In Conf. *liagannias*, Hom. *thianust*, Mers. gl. *unforthianadlucca*, Ess. Ev. *niatanna*, *driagundun*, *thianust*, etc., Prud. gl. *briast*, *utfliata* etc.

ea in M *greatan*, C *hlea*.

ie weist von den Heliandhss. nur C auf: *thied* (34 mal), *thiedan* (4 mal), *gibiedan*, *giniedan*, *nietan*, *farliesan* (2 mal), *kiesan*, *briest* (1 mal), *lief* (13 mal), *thief* und *thieof* (1 mal), *hriep*, *hliep*, *wiep* (neben *wiop*, *hreop*), *siec* (1 mal), *thierna* (1 mal), *ierid* (M *eorid*) u. a. Ess. Ev. *farliesan*, Mers. gl. *nietath*, Oxf. gl. *riestra*, *winilieth*, Fr. H. *thienosta*, etc.

Anm. 1. *e* statt *ie* zeigen in C *lef* und *wepin*; *i* hat C 4988: *libes*.

Anm. 2. *o* statt *io* findet sich M 1285 *lob*, C 224 *note*; *iu* statt *io* C 443, 5078 *thiud* (*thiod*), M 1350 *giniudot*.

§ 50—54. Diphthonge: *eu*. 21

§ 50. Aus *êo* (urspr. *aiw*) entstand *eo, io* (*gio*) in *io* (mit den zusammensetzungen *iowiht, nio, nioman*), *seola, hreo seo*. In M sind *io* und *eo* ziemlich gleich in anzahl, in C überwiegt *io* in der partikel *io* und ihren compositis; in *seola, hreo* und *seo* meist *eo*.

Anm. Statt *io, eo* hat M 514 *nia*, M 1649 *newiht*. In C 1745, 1968 3096 *iu* statt *eo*, C 5471 *nieuuiht*.

§ 51. Schon frühzeitig hat sich aus dem wurzelvocal mit dem vocal des suffixes ein diphthong *iu* gebildet in *fiund* und *friund*, welcher diphthong auch mit *io, eo* und *ie* abwechselt. M hat 50 mal *fiund* gegen 1 *feond*, C 6 *fiund* gegen 54 *fiond*, 1 *fiend* (715), M hat nur *friund*, C 12 mal *friund*, 1 mal *friond*. Psalm. Pred. *fiand*. Conf. und Oxf. gl. *friund*.

§ 52. Aus *e+w* vor folgenden cons. entstand *iu* in *sniumo, sliumo*. Aus *ew* (got. *iggw*) wurde *euw, iuuw* und *iu*, im pronom der 2. pers. *iu* und *iuu*, und pron. poss. *iuuuar*; daneben *eu* und *euwar*; — *hreuwan, treuwa, beuuo, gibreuuan*. Wenn die folgende silbe *i* hat geht *eu* fast immer in *iu* über: *niuwi, hriuwi, triuwisto, hriuwig*, (C 3094 *hreuuuog*, 4030 *hreuuag*), *niud, siun*; Prud. gl. *vtbliuuid, gitriuuuid*. Vgl. § 92 ff.

Anm. 1. *euw* und *iuw* werden sowohl *euuu, iuuu* wie *euu, iuu* geschrieben, z. b. C 3094 *hreuuuog* und 4030 *hreuuig*, 880 *hreuuan*, 3234 *hreuuuan*; Prud. gl. 19ᵈ *treuua*, 61ᵃ und ᵇ *treuuua* (von verschiedenen händen).

Anm. 2. Statt *sniumo* hat C 4616 *snimo*, 4805 *sniomo*.

Cap. III Die vocale der nebentonigen und tonlosen silben.

§ 53. Die vocale der nicht accentuirten oder nicht hochbetonten silben sind die vocale der endsilben, der mittelsilben und der nicht accentuirten praefixe und suffixalen wörter. (vgl. Paul Beitr. IV, 315, VI, 257, XII, 548; Sievers V, 63.)

A. Die vocale der endsilben.

§ 54. Altgerm. *a, o, e* sind im auslaut geschwunden; *ana*

wurde zu *an*, ist aber auch unverändert geblieben. Wenn *e* in *i* überging, hatte es dieselbe entwickelung wie urspr. *i*. s. § 55. (über die endsilben s. Braune Beitr. II, 125)

§ 55. Nach kurzer silbe blieb *i* im alts., schwand nach langer silbe. So im nom. acc. sg. der *i*-stämme: *wini* — *wurm* (*umbi* hat nach langer silbe *i* bewahrt, wird deshalb als zusammensetzung von *umb* = $\dot{\alpha}\mu\varphi i$ mit der praepos. bi (bei) erklärt; Kluge Et. W.);

ferner: im dat., loc. sg. der conson. stämme: *gumen*, etc.

im comparativ. der adverben *leng*; nach kurzer silbe in *bet*.

in der 1. sg. praes. indic. der verba auf *mi*: *bium biun, dóm dón*.

in der 2. und 3. sg. praes. indic.: *bindis, bindiƀ*; 3. pl. prs. indic. *bindaƀ* (aus *bindand*)

i (urspr. *e*) im nom. acc. der *es*-stämme ist *i*, *e* nach kurzer silbe: *bere, sigi* etc; schwindet nach langer silbe: *lamb*.

§ 56. *u* blieb im nom. acc. sg. der kurzsilbigen *u*-stämme *u* oder wurde zu *o*: *sunu* (M), *suno* (C) *fehu* (C) *feho* (M), *friƀu* (C M) *friƀo* (C), *duru* u. a.; verschwand nach langer silbe: *feld, hand, hard*, etc.

u (urspr. *w*) wurde *u* und *o*: *snêu, êu éo, balu, garo* (C 620 *garoo*).

§ 57. *â* wurde im auslaut *e, a*: in der 3. pers. sg. praet. indic. der schwachen verba, *dróbde* M *druouoda* C, *fremida* M *fremide* C. In *inne, uppe, úte* wechselt *e* mit *a, inna, uppa* etc.

Im acc. sg. m. des starken adjectivs, wie *hêlagne*, abwechselnd mit *a hêlagna*.

§ 58. *ô* (idg. *â*) ist 1) *u* und *o* geworden, blieb nach kurzer, ist nach langer silbe und im auslaut von polysyllabis geschwunden; so im nom. sg. femin. *gôd, hêlag*, etc; im acc. plur. neutr.. *word*; nach kurzer silbe aber *fatu*; im dat. sg. des pron. demonstr. *themu, themo* und *them*.

Anm. Wenn sich im nom. sg. fem. *a* statt *u* findet, so ist dieses *a* nicht dem casus gehörig, sondern durch einfluss des acc. sg. fem., der *a* hatte, eingedrungen. Neben *hwila* findet sich die lautgesetzliche form in *hwil* (C 5803).

2) *ô* ist zu *a* geworden im nom. acc. plur. der starken feminina *geba, blinda*; in der 1. pers. sg. praet. der

schwachen verba *habda* und vereinzelt im gen. pl. der adjectiva *blindera*, woneben *blindero*.

3) *ô* wurde *o* im nom. sg. masc. der schwachen nomina: *bano, gumo, gôdo*; im gen. plur. der substantiva, adiectiva und pronomina: *dago, gumono, blindaro, thero,* und in der 1. sg. praes. iudic. der schwachen verba der II cl. *salbo* u. s. w. — auch in den adv. *sniumo, gerno, swîtho*. Als erstes compositionsglied steht C M *alo* und *ala*, in der Beichte *alo-*, im Taufgelöbniss *ala*.

Anm. Dieses *o* findet sich bisweilen *uo* geschrieben: C *swithuo, aldruono*.

4) *ô* ist *u* geworden in der 1. sg. praes. ind. der verba: *beru, biudu, seggiu* etc. auch *o* in M 1478 *seggeo* (C *seggiu*); — im instr. sg. masc. neutr.: *nîthu, qualmu*.

§ 59. *î* ist kurzes *i* geworden: in der 2. pers. sg. imperativ der schw. verba I cl. *neri, hugi, forthi, ili*; — in der 3. sg. opt. praet. *sprâki, gefremidi*, u. a. — im nom. acc. pl. der *i*-stämme, auch der langsilbigen (die kurzsilbigen haben im nom. plur. auch *ios*) *hugi, gasti, gesti*. Später findet sich auch *e* Fr. H. *sculde* u. a.

§ 60. *ai* ging in *ê*, später im auslaut in *e* über (vor cons. s. § 95): im dat. sg. *bôcne, folke, dage* (daneben *a*: *daga, dôma, landa*, beides in C und M); — im nom. pl. des pron. demonstr. und in der pronominalendung des adjectivs *the, gôde, hélage* (woneben im pron. *thea, thia*, im adj. *gôda, hélaga* etc.); — im sg. opt. praes. *spreke, aftihe, drôbie*, auch *a*: *spreca, gifôrea* etc.

§ 61. *au* wurde erst *ô*, dann gekürzt zu *o* und *u*; z. b. in den obliquen casus der *u*-declination: M 2815 *sunu*, C 2269 *suno* (die formen mit *e* für *o, u* sind beeinflusst von der *i*-declination).

Anm. Bei vielen wörtern sind störungen wahrnehmbar; näheres hierüber in den anmerkungen zu der declination und conjugation, wo alle abweichungen verzeichnet sind.

§ 62. Elision des auslautenden vocals vor folgendem vocal oder *w* findet sich in *nis, nist = ne is, ne ist, nêt = ne wêt*; des auslautenden consonanten M 1245 *gisahe* (C *gisah hie*).

B. Die vocale der mittelsilben.

§ 63. Von ursprünglichen mittelsilben sind viele zu endsilben geworden, wenn im nominativ der auslautende vocal abgefallen war; diese bekommen in der flexion ihre frühere stelle als mittelvocal wieder. Der alte vocalwechsel (auf abstufung der vocale der suffixe in der flexion beruhend) ist im altsächsischen meist verwischt. Hier und da sind noch spuren davon wahrnehmbar. Meist aber hat sich die nominativform durch die ganze flexion fest gemacht.

§ 64. Diese mittelvocale sind teils schwere mittelvocale, d. h. ursprünglich nicht betonte lange oder durch mehrfache consonanz gedeckte vocale, teils kurze vocale.

§ 65. Schwere mittelvocale sind grösstenteils unverändert geblieben: z. b. *a* in *unbardaht* (Oxf. gl.); *ô* in der conjug. der schw. verba, im compar. und superl. der adj. und adv. (daneben aber im comparativ-*er*), in *thionost* neben *thianust* und *thienest*, *mônoth* neben *mânuth*, unverändert in *werod, uuerodes, enodi*; *i* im suffix *isc*: *frônisc, gumiski*; *ing*: *friscing, helfling, hliuning, striorling*; *în* in *escîn, guldin*; *e* ist wahrscheinlich kurz im plur. opt. praes., der *en* und *an* hat; im dat. pl. der adjectiva ist *ê* aus *ai* verdrängt durch *un* etc. In *fullist* etc. ist *ê* aus *ai* zu *i* geworden. *U* erscheint in *rihtunga, skêthunga, fastunnia*. Die mit got. -*nassus* zusammengesetzten wörter haben -*nissi*, -*nussia*, und *nessi*.

In *juguð* ist *uð* aus *unð* entstanden, so wie im plur. praes. indic. *að* aus *anð*, s. § 102.

§ 66. Nicht schwere mittelvocale zeigen vielfach kürzung. Im 9. jh. sind sie meist zu *e* geworden.

a ist im altsächsischen häufig durch *e, o* und *u* vertreten: *ewandage, ewondage, thiodane, thiodene, theodone, fiscari, dôperi, bôkeri, dreogerias* (M), *driegirios* (C), *kêsur*.

i ist im allgemeinen fester: *himil himilo, engil engilo, helith heliðon, fulitha, firin, redinon, egiso*, im praet. der sw. conj. *antwordida, nerida, ginerid*, woneben *e* in *antwordeda*; im compar. der adj. und adv. ist übergang in *e* und *a* häufig: *lengira, betara, skôniera*; *o* statt *i* findet sich in C (3241) *firoho* (M *firiho*).

u bleibt unverändert in *angul, abuh, racud* (woneben *rakod*) *silubar* (*silofar*); *o* in *metod*; *e* in *faled*.

Anm. über die verhältnisse der kurzen vocale in der flexion und conjugation s. die betreffenden abschnitte.

§ 67. Einige wörter weisen einen vocalwechsel auf, der in verschiedenheit der ursprünglichen betonung im indogerm. seine ursache hat; z. b. *hêlag*, *hêligono*; *hôbid*, *hôbde*; *geban* (ocean), *gebenes*, u. a. (Vgl. Paul Beitr. VI, 226)

§ 68. Wenn ein selbständiges wort in zusammensetzung mit andren seines tones verlustig wird, so wird der vocal der stammsilbe dieses wortes wie die vocale der suffixe behandelt; er kann bleiben oder sich verändern, wie z. b. *wer-ald* zu *werald* und *weruldi*, *godlik* und *unforthianadlucca* (Mers. gl.), *hrên-corn* und *hrenkurni*; so auch die wörter auf *-scepi* und *-scipi*. Die compos. mit *hêd* veränderen das *ê* aber nicht: *magað'hêd* u. a. (s. § 84).

§ 69. Im Westgermanischen entstand vor *l*, *r*, *n*, *m* ein secundärer vocal; erst *u* oder *o*, ist er allmählig *a* und *e* geworden. (Sievers Beitr. V, 79 ff., Paul Beitr. VI, 249.)

Im alts. erscheint dieser vocal nach langer wurzelsilbe regelmässig nur im nom. (acc.) sing., nicht aber in den obliquen casus und derivaten; nur *r* hat hier in einigen wörtern den vocal vor sich. M 3738 bietet die kürzere form *uuesl* für *wehsal*. Z. b. vor *l*: *cumbal*, *dogal*, *fercal*, *tungal*, *wehsal* — *ahsla tuuifli*, — *cnôsles*, *tunglun*, — *wehslon*, *handlon*, — Oxf. gl. *thîsle* Prud. *thîslun*, *gîslos* etc.

Vor *r*: *hungar*, *wundar*, *wunder*, *iâmar*, *iâmor* (C 5946); — *lungres*, *wintro*, — *âdro*, — *wundron*, Ess. gl. *sûfrod*, *gialdroda*; Oxf. gl. *slengrie* neben *slengiran*. Mit vocal vor *r*: *accare*, *accaro*, *hlûturu*, *hlûttaron* (neben vielen formen ohne vocal), *aldares* (C) neben *aldres*, *lastares* (C), *lasteres* (M), *brôdarun* (M); Ps. Pr. *hêderun*, *getimberid*, Oxf. gl. *slengiran*, *slingirun*; Prud. *nadara*, *blîdarun*, *ettaraga*; Fr. H. *hunderod*, *âsteron*, *timmeron*; Ess. gl. *wunderes*.

Vor *m*: *âthom*, *mêð'om*, *wastum*, — *bôsme*, *brahtmu*, *mêð'mos wastmes*.

Vor *n*: *bôcan*, Prud. gl. *heribôcan*, *wâpan*, *wolcan*; — *bôcno bôgno*, *têcno têgno*, *fêcnes*, *lêhni*, *lôgnian*, *sôcneri* etc.; — in Ess. gl. *fêcanaco*. Ohne vocal: Ess. gl. *toln* — Hel. *tol* und *tolna*.

§ 70. Nach kurzer stammsilbe erscheint fast ohne ausnahme der secundäre vocal in wortformen auf *l*, *m*, *n*, *r*. In den obliquen casus und derivaten wird er nur vereinzelt gefunden: in C

§ 70, 71, 72. Vocale der mittelsilben: secundärvocale, syncope.

und M *mahal, segel, wedar, sweban, thegan, gagal* etc. — *fugles, mahle, naglos, thegnos, sedle, simblon, simnon sinnon, emnia, emnista* (*ebun*, neben *efno* C M); Oxf. gl. *gaflie*; Ess. gl. *gimehlida, errislo, ensetlion;* Prud. *wehsitaflun*. Ausgenommen sind: *agaléto* M (C *agléto*), *suebanos* M (*suefnos* C 688 und M C 700 *suuefne*), *nebulo* M (C *neflu*), *negilid* (neben *neglid* und *neglida*), *fagares, fetherun, legares, uuedares, uuetharo;* Prud. gl. *stamarod, litharin, gifagiritha;* Ps. pred. *fereuelhed*.

§ 71. Andrer art ist der vocal, der sich zwischen *r, l,* und folgenden *h, g, m, b* und *w* entwickelte. Dieser vocal erscheint, besonders im Cottonianus, und zwar als *a, e, i, o* und *u*: *beraht, berege, sorogon, giaromód, aramuodio, arabédi, arabid, bifelahan, bifelihis, farahtiat* (M *forhtead*), *dereuia, uuurohtion, farhuueribid, sterebat*, wo M *berht, berge* etc. hat. In M *tharabun* 4406 (C *tharbon*), 4490 *derebeun* (C *deruon*).

Vor *w* steht in M meist *u* oder *i*, nicht aber in C: M 595, 1662 *garuwian*, C *gerwean;* M 776, 1680, 1685 *geriuuide gegariuui*, C *geruuida, gigerwi;* C 3450 jedoch *gariuuan*. *O* findet sich in M 279 *scadowan* C *scadoian* durch einfluss des substantiv *scado*. In C *u, o* vor *w* in *baluuues balouues;* Ess. gl. *a* vor *uu: farauui*.

§ 72. Syncope. 1) a) Nach langer wurzelsilbe kann kurzer vocal in der flexion, wenn er nicht durch position geschützt ist, ausfallen; in vielen wörtern blieb jedoch der alte vocal. (Sievers Beitr. V, 82 ff.).

Schwankend ist *diubal* g. s. *diublas*, d. pl. *diublun*, woneben in M 1366 *diubules* C *diubales*, Conf. *dioboles*, Hom. *diuvilo*.

In den wörtern auf *-ari, -eri*, blieb *a, e* stets bewahrt, so wie der vocal in *késur, hónero, martiro* in Fr. H. und Hom.

Vor *m* bleibt *a* in *uuánamo, wánamon*.

Vor *n* ist im acc. sg. der einsilbigen adjectiva *a* geblieben und *ana* zu *an* geworden (so wie in *hlúttran*) ausgenommen *ênnu* (33 mal) gegen *ênan* (8), *antlangana* (M C), *módspáhana* M) *spáhna* (C), *gódene* (M), *mildiene* (M), *scirana* (C), *uuîdana* (M C) *uuîdene* (M). Ferner bleibt *a* im part. praet. der starken verba und in den adv. *ferrana, óstana, útana* (Ess. gl.), *uuestana;* in C 1302 *êuuana. Thiadan* hat in C 10 mal gen.

und dat. sg. *thiodne(s)* gegen einmal *thiodene*, M *theodone*, sonst M *thiodane(s)*.

Altes *i* und *u* bleiben vor *l* im Heliand und in den andern denkmälern. Im dat. sg. masc. neutr. der adj. u. pron. wird *-umu* (*umo* etc. s. § 242 ff) wohl gekürzt zu *um* oder *un*, *on*, nicht aber zu *-mu*. Vor *n* bleibt *i* in *hêthina*, *drohtines* (Paul Beitr. IV, 427), schwindet in *witnon*, *fastnon*, *alamôsna* M (C *elimôsina*), *lâcno*. (Prud. gl.) Die abstracta auf *-itha* schwanken: *diurtha* und *diuritha*, *mârtha* und *mâritha*, *hôntha*, *gemêntha*, *sâltha*, neben *spâhitha*. In den andern denkmälern überall *-itha* und *etha* (*-ithi*, *-ethi*).

In *hôbid* wird *i* in der flexion stets syncopiert.

Bei den schwachen verben der I cl. bewahren die, deren schlussconsonant *l* oder *n* ist, meist das *i*, doch giebt es viele ausnahmen. Das nähere s. bei den schwachen verben § 300 ff.

Im partic. praet. bleibt in der flexion bei den kurzsilbigen das *i* meist unversehrt, nicht aber bei den verben mit urgerm. syncopierung des themavocals und einigen verben der III classe; Bei den langsilbigen finden sich einige verba ohne syncope: *bidêlida*, *gihôrida*; meist aber nach der regel syncopierung: *gibôgdon*, *idômde*, *birôpta* u. a. (s. § 277 b.)

b) Alte mittelvocale, welche natura oder positione lang sind, unterliegen im allgemeinen nicht der syncopierung; z. b.: *ô* im gen. pl. auf *ono* (wofür *-ano*, *-uno*, *-eno*); im suffixe *od*: *coppod*, *beuuod*; im praet. der schwachen verba der *ô* cl. und im superlativ *-ost* (C 5739 aber *hêlgost*); *î* im ausgang *în*, *îg*; *i* in *ing*, *innia* und vor *-sli*, *-slo*: *mendislo*, *errislo*, *radislo* etc., in den adj. auf *-isc* und ihre derivata, im superl. *-isto* u. a.; *ê* in *arbedi*; *u* in *mânutha* (Prud.), *mânuthuuendig* (Ess. Gl.).

In Cott. finden sich mehrere comparative auf urspr. *ôro*, welche syncope des *o* aufweisen: *iungro*, *lêthro*, *leobrun*, *iâmorlicra*, *craftigron*, *sâligron*. Auch bei-*iro* erscheint syncope neben der volleren form: *langron*, *lengron*, *lengeron*, *lengerun* und *langerun*. M hat die syncope nur in substantivischen adjectiven *aldron*, *furthron*, *hêrro*, einmal in *lengron* (170) und im adv. *swithro*. Die Ess. gl. haben *furthira*.

Ofstlico findet sich in C neben *ôbastlico* (5935, 5896), (s. § 144).

§ 72. Vocale der mittelsilben: syncope.

2) Nach kurzer stammsilbe bleiben alle mittelvocale erhalten z. b. *aðales, eðili, himiles, ubiles* etc.; *abaro, bikera, feteros, faganon, hebanes, opana; firina, lugina, rethinon; egiso, felisos, idisi; gibithig, banethi, helithos; metodes, racude, werode, gimunitod; manages, lubigo, wlitige,* u. a. In den andern denkmälern: Ess. gl. *gisetitha, gimeritha, mikilas, bilemidan,* Oxf. gl. *lunisas;* Prud. gl. *skipilina, kamara, scavathon, munita, milukas,* Conf. *kerika,* Fr. H. *erito, euena, eueninas,* Indic. *nimidas,* Ps. Pr. *fremitha,* u. s. w.

Scheinbar ausgenommen sind die kurzsilbigen schwachen verba mit alter syncopierung und die schwachen verba der III cl. im praet. und part. praet. *hogda, lagda,* neben *legda, sagda* etc. (s. § 270, 296, 302, 312, 333).

Im Heliand *seliða* neben *selða* (C), *lefna* 2096 und 2308, *bezt(o), lezt(o), lazt(o)* und *tegegnes, gegnungo*.

3) Von zwei mittelvocalen kann der zweite synkopiert werden; war dieser vocal lang oder durch position geschützt so blieb er. Alle endungen, die unmittelbar nach langer stammsilbe festen vocal haben, bewahren ihn auch in dritter silbe (Sievers Beitr. V 88); z. b. gen. pl. auf *ono: iungorono, heligono;* die *r*-casus der adjectiva *craftigaro mahtigoro;* gen. pl. der partic. *neriendero;* nomina agentis auf *-eri: muniterios, dreogerios;* dat. sg. masc. neutr. auf *-umu: ênigumu, ôdagumu* u. s. w.

Der acc. sg. masc. der zwei- und mehrsilbigen adjectiva hat meist die form *-ana;* einige schwanken zwischen *-na* und *ana,* einige haben nur die form *-an,* wie die einsilbigen. In den kleinern denkm. findet sich nur letztere form; (in der Ps. Predigt auch *mangan),* -*ana* in *craftigana* M 2804, *hêlagana* M 1129, *mikilana* M 2317, *unsundigana* M C 2722, *langsamana* M 2700, C 4427, *niudsamana* C 224, *antlangana* M C 4225, *môdspâhana* M 1192. Häufiger aber ist *craftagna, craftagne* (M) *crafti(g)na* (C), *hêlagna, mahtigna, luttilna, môdagna, langsamna, môdspâhna* etc. Nur *-an* haben *ênig, hwether, huilic, manag.* Von *hêlag sâlig, ubil, mahtig* u. a. werden in M und C auch *-an* formen gefunden, in den anderen denkm. ausschliesslich *-an*.

Von *ôðar* finden sich die accusativformen *ôðrana* (M) *ôðarna* (M) *ôðarna* (C) *ôðarna* (C) und *ôðran* (C M).

§ 73. **Assimilation** ist im as. nicht so häufig wie im hochdeutschen; *a* assimiliert an *e* z. b. in *gibundene* M *bundana* C, an *o gibolgono* M *gibolganu* C, u. s. w. Vor *o* gieng *a* in *u* über in *hamuron* C 5537; *e* assimiliert an *o* in *selbomo, selbumu*; wird zu *o* vor *u* in *êgrohtful* (s. § 81, anm.), in den endungen *nissi* neben *nessi* (Beitr. V, 140), und in den compositis auf *scipi* (C) neben *scepi* (M) u. s. w.

Im praefix *ala* neben *alo* ging die assimilation des *o* vom *a* in der stammsilbe aus.

C. Die vocale der praefixe und schlussglieder von compositis.

§ 74. **Af** behält meist das *a*, nur an einigen stellen wird *of* gefunden z. b. *ofstapan* in C und P wo M *afstapan* hat, in der Fr. Heb. *ofliges*, Prud. gl. *ofnitan, ofsceran* u. a.

Anm. 1. *af* wechselt mit *an* ab: M 206 *afswôbun*, C *answôbun*; öfters mit *a: afstân astân, aftiohan atiohan, afgeban ageban;* mit *ab* in *afunnan abunnan.*

Anm. 2. In vielen transitiven verben steht *a* im praefix nicht mit *af, an* oder *ant* abwechselnd; dieses *a* entstand wahrscheinlich aus *af, of* (Sanskrit *abhi*); in andern verben ist *a = af* (Sanskrit *apa*) (s. Taalkundige Bijdragen I, 201.)

§ 75. **An** ist zu *on* geworden in *onstândanlic* Mersb. gl. Im Heliand findet sich mehrmals die form *a* statt *an*, auch abwechselnd mit *an: anbitan* und *abitan, anthengean* und *athengean* etc.

§ 76. **Ant.** In *ant* bleibt *a* unverändert: *antwordian, antbindan, antkennian.*

Abwechselnd erscheint *ant* mit *an* und *a* in: *antgeldan angeldan ageldan, antlêdian alêdian* u. s. w.

§ 77. **at** behält immer das *a* unverändert: *atsamme, atgangan* etc.

§ 78. Urwestgerm. **az** ist zu *a* geworden in *aquicon, arisan, aslahan* u. a.;

zu **ar** in den Ess. gl. *arfallan, arbelgan*, wogegen im Heliand *abelgan* (Paul, Beitr. VI, 207 ff.).

§ 79. **bi** und **be** wechseln häufig so wohl im Heliand wie in den andern denkm.: *biforan beforan biuoran, begehan, bigangen.* Hom. *begêd* und *bigangan*, Ess. gl. *begangandelicun* etc.

bi-ûtan wird in C contrahiert zu *bûtan* und *bôtan*, in M nur *biûtan*.

§ 80. fur und for haben neben sich *far*. Einige wörter weisen nur die letztere form auf; bei anderen hat die eine hs. des Heliand *for*, die andere *far*; *for* ist häufiger in C als in M; *fur* findet sich nur C 5865 *furfaran*. Im Capitulare Sax. findet sich *for* in *forbanno*, in Oxf. gl. *fer* in *uerthingian*, Prud. gl. *uerthinse*.

Das adverbiale *furi* steht nur in *furifaran* (Hel.); *fora* in *foraboda*, *forasago*.

§ 81. ga ist nur bewahrt in Fr. H. 93 *gaihuuethar* (Merseb. gl. 105ᶜ *gascópun* ist nicht ganz sicher). Uebrigens ist *ga* zu *gi* und *ge* geworden: im Cott. meist *gi*, im Mon. mehr *ge*. M *gihórean* und *geahton*, *gebárean*, *geuuîhid* C M *gebídan*, C *giuuîhid* etc.

In den Mers.gl., Oxf.gl., Prud. gl. wurde *gi* zu *i* in: *iuuŕgde*, *idómde*, etc. (Mers. gl.), *imûthi*, *isuése*, *ihilla* (Oxf. gl.); *kiscalecten* (Prud. gl.) daneben in Prud. gl. *gihuddigon* von derselben hand, von andrer hand *gimundi*. Die anderen kleineren denkm. haben meist *gi*, nur Prud. gl. *geligi*, Ess. gl. *gelico*, Hom. *gethingi*.

Anm. Hel. 2992, 3500 *êgrohtful* entstand wahrscheinlich aus *êgerehtful*, vergl. ahd. *êregrēhti*.

§ 82. te findet sich in: *tebrestan*, *tedélian*, *tefaran*; *ti* in *tiuarad* (Oxf.gl.).

§ 83. ur (got. *uz*) erhält sich in der nominalcomposition: *urdéli*, *urkundeo* und *urlag*, *urlagi*, daneben aber *orlag* und *orlóf*. Als verbalpraefix *a* und *ar* s. § 78. Er findet sich in *erbarmunga*.

§ 84. lîc verliert in compositis als letztes glied seine ursprüngliche form in Mersb. gl. *unforthianadlucca*, in C *succan* 3202, M *suncan* 2446. Veränderung der vocalqualität zeigt sich sonst nicht in der schrift.

Von lêst wird in C 4663 *fullisti*, Mersb. gl. *vullist*, *vullistian*, Oxf. gl. *fullistia* das *ê* zu *i* gekürzt. C 4679, M 4663 *fullêst*.

ald als schlussglied in zusammenstellung mit *wer* scheint öfters tonlos wenn *ald* in vorletzter silbe steht, wobei sich das *a* zu *u* ändert: *werald* und *weruldi*; ähnlich auch *o* zu *u* in *hrêncorn* und *hrênkurni*. Vgl. § 68.

II Abschnitt. Die consonanten.

Cap. I. Allgemeines.

§ 85. Im allgemeinen sind die alts. consonanten denen des urgermanischen gleich. (Braune Ahd. gr. § 81)

Die sonoren consonanten: halbvocale w, j, liquidae r, l, nasale m, n.

Die harten (stimmlosen) verschlusslaute t, p, k.

Die weichen (stimmhaften) verschlusslaute d, b, g.

Die harten (stimmlosen) spiranten p, f, χ, s.

Die weichen (stimmhaften) spiranten $\eth$, b, j, z.

Mit den andern westgermanischen sprachen hat das altsächsische gemein: (Braune Ahd. gr. § 96. ff.)

a) die entwickelung von doppelconsonanten vor folgendem j und vor r, l, (consonantengemination);

b) den übergang von z in r im inlaut und dessen schwund im auslaut.

Mit den andern altgermanischen sprachen hat das as. gemein:

a) den übergang von $\eth$ in den verschlusslaut d und von b im anlaut, bei gemination durch j und nach m in den verschlusslaut b

b) dass labiale und gutturale verschlusslaute $+ t$ zu ft, resp. ht werden, während dental $+ t$ zu st oder ss wurde (Kögel Beitr. VII, 174 Kluge Beitr. IX, 150).

§ 86. Der schon im urgermanischen ausgebildete grammatische wechsel (vgl. Braune Ahd. gr. § 100—103) von th ($\eth$) —d, f—b, h—g, h—w, h—ng, s—r, hat sich in der verbalflexion zum teil erhalten, bei einigen verben besonders im Mon. und den kleineren denkmälern ist er beseitigt z. b. M meist *sâhun*, 2597 *sáun*; C 14 mal *sâhun*, 10 mal *sâuun*, M 189 *gisehan* und 3158 *giseen* C 3 mal *giseuuan*, nur 3158 *gisehan*. Nicht immer aber in C (das nähere hierüber beim verbum).

§ 87. Die lautbezeichnung ist oft mangelhaft: für stimmlose und stimmhafte spiranten wird bisweilen dasselbe zeichen

§ 87—90. Die consonanten: *w*.

u gebraucht, meist aber für stimmlosen spirant *f*, für stimmhaften auch *v*, *b* und *b̃*; *g* ist teils spirant, teils verschlusslaut, teils palataler halbvocal; der stimmlose sowohl wie der stimmhafte dentale spirant werden durch *ð*, *d* und *th* ausgedrückt, letzteres besonders in C (genaueres hierüber bei der einzelbehandlung der consonanten).

Cap. II. Die einzelnen consonanten.

A Sonore consonanten.

1) Die halbvocale.

w.

§ 88. *w* hat den lautwert des engl. *w*. Das *w* wird meist durch *uu* oder *u* ausgedrückt; vor *u, uo, ó* wird meist *u* geschrieben; (s. § 39 anm.) auch aber *uu* vor *u*, z. b. C 3461 *uuuruhteon*, 3594 *uuurohtion*, 3775 *giuuunnan*; *sinhiuuun* etc.

Vor *e* steht *u* statt *uu* in C M *farhuerbid*, u. a., Ess. Heb. *tuéna*, Conf. *sueriannias*; vor *i*: C M *githuing* u. a. Fr. H. 489 *suin* u, a. Oxf. gl. *uinning*; vor *a*: Oxf. gl. *alsuart*, Greg.gl. *uarhede*. Einige male findet sich auch *w*: in C 4810 *wrêtha* Hom. *gewarf, gewonohéd, warth*; in den Gregor.gl. *vu*: *vuithar* neben *wegin, wara* etc. In M 4810 *vuisde*.

§ 89. Anlautend steht *w* vor vocalen und consonanten: *wahsan, wónon, wulf, wlank, wliti, wraksîth, wruka, wreð'ian, wrisilik, wróht* etc.

An zweiter stelle nach gutturalen und dentalen: *queð'an, hwe, hwerban, hwó, thwingan, swart, swâs, sweban, swebbian, swóti*.

§ 90. Inlautendes *w* blieb zwischen vocalen in *êwa, êwig, snêwe, sêwe* (C), *bráwon* (C), *garowes, balowes, hiwiski, fiwar, sáwon*, u. a. dagegen ist es geschwunden in *bráhon* (M), *hréan* (M), *sêe* (M), *sáhun sáun* (M), *aroa, fáhora, fior* C M, u. a.

Anm. In *bráhon, fáhora* u. a. ist *w* geschwunden, wahrscheinlich durch einfluss des nom. sg.

Vor *u* und *wo* ist inlautendes *w* geschwunden in *gêdono*,

§ 91—94. Die consonanten: w, ww, j.

fratahun, fratoo, ûhton, wahta und C 5000 *thriio*; es blieb dagegen C 4593 M 5000 *thriuuo*.

Von der inlautenden consonantverbindung *hw* war das *w* schon früh im westgermanischen abgefallen; *aha, nâh, lîhan, sehan* (got. *ahwa, nehw, leihwan, saihwan*).

Nach *r* und *l* ist *w* geschwunden in: *melas, smeras* (Fr. H.).

§ 91. Auslautendes *w* (sowohl im silben- wie im wortauslaut) ist nach langen und kurzen vocalen zu *u* und *o* geworden: *balu, fâho, scado, garu garo, naru, hléo, hlea, hréo, séu* (C) *séo, éu éo, slêu, snêu, treu; thiu* woneben *thiuu*, so auch *iu* neben *iuu*. (Vgl. Beitr. XV, 340 ff., Germania XXXI, 382).

Zusammenziehung von vocal und vocalisiertem *w* fand statt in *fró, frâ*.

Nach langem vocal ist auslautendes *u (w)* geschwunden in *thrûuuerk* und *sê* (M 1152); im silbenauslaut auch in den Greg. gl. *sêla*, dagegen in allen andern denkmälern *seola, siola*.

§ 92. Gemeingermanisches *ww* (Got. *ggw*) ist im inlaut *uw* geworden *bliuwan, triuwi, triuwisto, hriuwi, scauwon, glauwa*.

Im auslaut ist es zu *u* geworden (s. § 91): *glau, treulos treulogo, treuhafta* (in C, in M ist es durch ausfall des *h* inlautend geworden: *treuuafte* 1251, 1268, 1272).

§ 93. *ww* durch gemination vor *j* aus *w* entstanden, ist nach *a* und vor folgendem consonant durch *w* zu *u* geworden und wurde mit vorhergehendem *a* erst zu *au*, dann *ó*: *strôjan, hôji, frôjan* (M 3513), s. § 46) oder zu *a*, welches vor *i* zu *e* umgelautet wurde: *streunga (strejunga)*; plur. praet. indic. *strôidun* C *streidun* M. (vergl. dagegen Jellinek Beitr. XIV, 583). Vor vocalen wurde *ww*, aus einfachem *w* vor *j* entstanden, zu *uw*: *niuwa*; in M 1430 *nigean* (C *niuuian*) ist *w* geschwunden (Kögel Beitr. IX, 533, dagegen Jellinek Beitr. XIV, 581).

J.

§ 94. Der halbvocal *j* scheint in einigen wörtern ungefähr den wert eines weichen palatalen spiranten zu haben; es ist dies aus der abwechslung mit *g* z. b. in *gêr, iâr, giâmar* und *iâmar* zu schliessen.

Graphisch sind für *j* (wofür kein eigenes zeichen existiert) *i, e, g* und *gi* in gebrauch.

C und M haben vor *a* regellos neben einander sowohl *i* als *e*: M *gibarea, swerea, cunnias*; C *geboian, neriendien, gihuggiat williat, biddean, willean* etc. vor *o* meist *e*, aber auch *i*, *rîkeon rikion, liudeon*, vor *u* meist *i*: *williu, liudiun*, etc.

Mit *j* abwechselndes *gi* (*ge*) erscheint an- und inlautend. M hat dieses *gi* häufiger als C welcher es in einigen worten, wo M es hat, nicht aufweist: in M z. b. *gia, gio, yiu, giak, giâmar, giâmarlikara giâmermôde, Giudeo, giowiht, gêr, gêrtal* — *wacogean, sîđogean, theonogean, thologean*, u. a. In einigen dieser wörter hat auch C *g*, nicht aber in *jâr, sîđoian, thionoian, wacoian*, C und M haben *tholoian, thionoian*, C *hêliean* M *hêlean*; Beichte *giuhu* und *iuhu* (Hel. *gihu, gehan*); Fr. H. *gêr, kôgii* neben *kôii*. Nach *i* entwickelte sich in M und Freck. H. ein *g* in M *nigean* (C *niwian*) Fr. H. *nigemo*.

§ 95. *j* ist meist erhalten; nur in C ist *j* nach langer silbe und doppelconsonant einigemal ausgefallen; *willon* 1172, 1330, *biddandi* 3334, *libban* 3382, *liudo* 3389 *hêlendero* 3559, *hêland* 3643 u. a.; in M *seggennea* 1838, so auch Ess. H. *tîdon, ambahto*; Fr. H. *huêtes*.

Auslautendes *j* wurde zu *i*: *kunni, rîki* u. s. w.

2) Die Liquidae.

r.

§ 96. Das *r* scheint in einigen wörtern eine wenig energische aussprache gehabt zu haben, wie es noch jetzt dialectisch in der nachbarschaft gewisser consonanten der fall ist; darauf scheint die auslassung des *r* in Fr. H. 27 *gestinas* für *gerstinas* hinzu deuten.

r, sowohl altes *r*, wie *r* aus *z*, blieb überall im inlaut unverändert: *rakud, rîki, faran, wârun, nerean, þisorgoda, bar*.

Anm. *r* für *n* durch verschreibung in C 5946: *hriuonda* statt *hniuonda*.

§ 97. *rr* ist ursprüngliches *rr* wie in *ferrana, werran* u. a., oder = got. *rz*: *irri, merrean*, oder durch assimilation aus *rn* entstanden in *sterro*. Durch vocalausfall entstand doppeltes *r* in *hêrro*. Vor *j* nach kurzem vocal ward *r* im alts. nicht geminiert: *nerian, werian* etc.

Anm. r ist nach wegfall des anlautenden h anlautend geworden in *ruslos* Fr. H. 507 *hruslos*.

I.

§ 98. *l* bleibt unverändert: *lamb, alomahtig, twîflian, erl, ôdel, — all, fellun.* — Vor *j* wird *l* verdoppelt nach kurzer silbe: *willeon, ellean, gitellean*.
In *succan* C 3202 ist *l* an *c* assimiliert, M hat *suliken*.

[Anm. Der Mon. hat für *sniumo*, (so durchweg in C) eine jüngere form mit *l*: *sliumo*.

3) Die Nasale.

m.

§ 99. Anlautendes *m* bleibt unverändert: *mi, môtian, megin* etc. auch inlautend zwischen vocalen und vor andern consonanten als *f.*: *gumo, cuman, umbi* (C hat einmal *unbi*), *cumbal, gambra*.
ml bleibt in C unverändert *simla, simlun*, wogegen M *simbla, simblun* hat.
Assimiliert wird *m* an *n* in C: *sinnon* (daneben aber *simnon*); nicht in *samnon, stemna*.
Ursprünglicher doppelconsonant ist *mm* z. b. in *thrimman*; vor *j* nach kurzer silbe ist *m* geminiert: *frummean*, aber nicht nach langer silbe: *drômean*.
Ursprüngliches *m* vor *f* fiel aus in *fîf, sâfter*.
Auslautendes *m* im dat. plur. der substantiva und adiectiva ist meist zu *n* geworden daneben sind *m* bewahrt; s. Germ. 31, 391. Der dat. sing. m. n., die 1. pers. sg. praes. der schwachen verben der III. cl. und der unregelmässigen verben haben *m* und *n*; z. b. M *gôdum* C *gôdun*, M *duom, dôn*, C *duon, bium* und *biun*.
Auslautendes *mm* kann sich vereinfachen: *thramm* C, *thram* M.

n.

§ 100. *n* bleibt meist unverändert. Vor *b* geht es lautlich in *m* über: *embar, ambusni, ambaht, umbitherbi* (C M 1728, C 5039); wurde aber nicht immer geschrieben, in M 5039 *unbiderbi*, M 901 *anbusni* und *anbiodan*.
Übergang zu *l* findet sich in *sliumo* C, wogegen M *sniumo*

bewahrt, auch in *himil*, nicht aber im fremdwort *cumin* (lat. *cuminum*).

Anm. C 5946 *hriuonda* hat *r* verschrieben für *n*, die richtige lesung ist *hniuonda* (klagend).

§ 101. *nn* ist a) ursprüngliches *nn* z. b. *biginnan, rinnan* u. a.; b) geminiertes *n* vor *j* nach kurzer silbe: *kunnies, minnea, githolonne*, c) aus *nd* entstanden in *penning* (aus *panding*)

Anm. Neben nom. sg. *kunni* findet sich CM 4469, M 2655 *kuniburd*, C 2655 *kunniburd*.

§ 102. Inlautendes *n* ist vor spiranten ausgefallen: in stammsilben unter verlängerung des vorhergehenden vocals, in *ôðar, mûðu, cûth gisíth, fíðan, sâft* u. a., in der 3 pers. plur. praes. indic, *hebbiad, nemad*, in den numeralen *niguða* (C 3420), *tegothon* (zehnte).

Anm. C hat immer *findan*, vs. 1263 und 1444 *andar*, 1328 *tholond*. M 1903 hat *munde*, 4172, 5067, 5231, 5235 *finden*; Ps. Predigt *munthe* neben *mûthe*, Prud. gl. *gimundi*, daneben *cûth*.

§ 103. *ng, nk, nh*. Vor *g* und *k* ist *n* die bezeichnung des gutturalen nasals, in *lang, brengian, drinkan* u. a.

Vor *h* is der gutturale nasal schon früh in den germanischen sprachen ausgefallen und der vorausgehende vocal verlängert, so in *fâhan, thâhte*.

Anm. 1. In einigen wörtern der Fr. H. ist der gutturale nasal in tonloser letzter silbe (nach *n*) zur einfachen gutturalis geworden: *pennig, honeg* und Oxf. gl. *hunecappel*.

Anm. 2. Explosive ausprache des *g* in *ng* wird nachgewiesen durch *githenkian* C 146 für *githengian* (M hat *athengean*).

B. Geräuschlaute.

1) Labiale.

p.

§ 104. Die labiale tenuis findet sich anlautend in den germanischen wörtern: *plegan, pêda* und *penning*; in den fremdwörtern *palencea, palma, pund, prevenda* u. a.

In — und auslautendes *p* ist häufiger: *giscapu, drupil, côpon, helpan, werpan, wapnon* etc; — *diop, slâp, hriop*.

Geminiertes *p* vor *j* in *skeppian*; vor *l* steht *pp* in *appul* (Oxf. gl.); gemeingerm. ist *pp* in *hnippenon, neppenon* (Fr. H. 511) und *uppa, stoppo* u. a.

Vor *t* ist *p* im partic. von *kôpon* u. a. zu *f* geworden: Ess. Ev. *ferkoft, giscaft*, ausgenommen Prud. gl. *ferkôpton*.

Anm. 1. C M. 700 etc. *Josepc* hat *p* statt *ph* vielleicht weil das auslautende *ph* vom fremdwort *Joseph* als tenuis aspirata aufgefasst wurde. Nach *l* hat M 1561 *b* statt *p* in *galbo* (C *galpo*).

Anm. 2. Die Oxf. gl. haben einige male *ph* für *p: phali, staphslengric*, welches wahrscheinlich der hd. herkunft der glosse zuzuschreiben ist.

b.

§ 105. Der buchstabe *b* bezeichnet die labiale media und den stimmhaften labiodentalen spiranten, s. § 105. (Braune Ahd. gr. § 134 ff.)

Anlautend steht die stimmhafte labiale media in *bath, balu bedd, berht, bindan*, etc. Inlautendes *b* findet sich nur nach *m*: *umbi, gambra, cumbal*; auslautendes *b* in *lamb, camb*. In *dumphedi* Prud. 52ᶜ ist *b* zu *p* geworden.

Inlautendes *bb* erscheint in *sibbia, cribbia, webbi, hebbean, libbean*. Assimilation zu vorausgehendem *m* haben in Fr. H. und Es. H. *emmar, ammahte*, wogegen im Heliand *ambahtskepi getimbrod* u. a.

Anm. C 5086 hat *libƀian* für *libbian*; wahrscheinlich ein fehler des correctors; so auch C 3910 *ƀiwarp* für *biwarp*.

b, u, v.

§ 106. Der stimmhafte labiodentale spirant wird im Heliand sowie in einigen der kleineren denkmäler abwechselnd durch *b, u, v* und *ƀ* ausgedrückt. In Tauf. gel. und Strsb. glossen ist *b* regel; in den Oxf. gl. meist *u*; vereinzelt findet sich *f* für *b*. Hom. *gêfi*, Ess. gl. *ofarsâgia*, und im Cott. s. § 107.

An einigen stellen im Heliand und in den kleineren denkmälern steht *b* (*u*) für anlautendes und auslautendes *f*, s. § 110.

§ 107 a) Inlautendes *b* zwischen vocalen wird in den meisten kleineren denkmälern durch *u* oder *v* ausgedrückt: *prauendi* F. 544, 477 (neben *prebende* F. 563) H. 8 *diuvilo* (wogegen Taufg. 1 *diobole*, 10 *gilóbestu*), Conf. *gilóvian, avunst*, Hom. *liva*, Ess. Ev. *gidrivana, ouer, biliuana*, Oxf. gl. *nauuger* u. a.

Anm. *f* zwischen vocalen steht in Hom. 3 *gêfi*, Prud. gl. *thrûfa*, Ess. gl. *ofarsâgia*.

§ 108b—109c. Die consonanten: *b, u, v.*

b) In den Heliand-handschriften herrscht grössere freiheit: C hat 400 *b*, 237 b, 232 *b*, 16 *u* und 15 *f* (bisweilen finden sich verschiedene formen in einer zeile oder in nächster nähe nebeneinander). M hat meist *b*, 13 *b*, 28 *v*, 4 *f*. Das Prager fragment hat nur *b*: *gelóbon, obana, dúbun, heban.*

Anm. 1. Durch ƀ wird angedeutet das *b* zweiter hand in C.

Anm. 2 *f* zwischen vocalen findet sich in C *twelifi* etc. 8 mal, *gifa* C 654, *dúfun* 988, *silufar* 1197, *ofar* 5290, 5376; in M *swelifi* 1251, 1589, 1594, *afonsta* 1043 (C *abonsta* s. § 113).

§ 108. Inlautendes *rb, lb* findet sich in C 95 mal als *rb, lb*, 185 mal *rb, lb* und 8 mal *ru, lu* (nicht mitgezählt sind die fälle wo C secundären vocal zwischen *r, l* und *b* hat). In M ist *rb, lb* regel, nur 7 mal *rb, lb*, 5 mal *ru, lu*. Prager fragment *lb*. Beispiele in C: *derbi* 27, *huuerban* 91, *selbo* 35, *halua* 5792, *oluundeon* 3299 (M *olbendeon*); in M: *derbun* 4860, *bidolban* 4132, *huueruan* 91, *seluan* 754, *selues* 3615, *thurbun* 1847, *huuerbid* 3609; Prager fragment: *selbo, selban*. In den anderen denkm. Strsb. gl. 139 *umbiwérbi* sonst überall *u*: F. H. *garvano, selvomo*, Mers. gl. 37 *therva* etc.

§ 109. Inlautendes *b* vor consonanten findet sich: a) in der consonantverbindung *bd*: *habda, hôbde, lebdin, gilôbdun*: In C 93 in M 140 *bd*; 50 mal *bd* in C, einmal in M; *fd* in M dreimal: *hôfdes, hôfde, hafdun* (in C hier *bd* und *bd*); Prager fragm. *habda.*

In Strsb. gl. *bd* in *tuihôbdiga*, Conf. *gilôfda*, Ess. gl. *ungiôfda* Assimilation des *b* zum *d* findet sich in C dreimal: *bihadd* 3693, *haddun* 3900, *hadun* 4363; im Ess. Ev. *hadda*, Hom. 5, Beichte 32 *hadda* und Ps. pred. *haddun.*

b) *br* in C in *súbro* 334, 2569, *súbres* 1723, *fróbrean* 4017, *fróbro* 496, *silubre* 4578, 3 mal hierfür *b*, 2 mal *f* in *fruofrian* und C 3416 *silofrina*. M hat immer *b*, ausgenommen *frófra* 1308, 2197. Ess. Ev. *fefra* und *súfrod* aber *unsurvarnussi*.

Abwechselnd kommen vor *bl* und *bl* in *diublon, leoblica* (1558 C *lioflic*, M *lioblic*). Mit zwischenvocal Taufg. *diobole*, Hom. 8 *diuvulo*.

c) Vor *n* ist *b* zu *f* geworden, wenn kein zwischenvocal da war, wahrscheinlich nur graphisch: C M *sweban*, M *swebanes* und *swefnos* C *swefnos, unefni. bn* wurde zu *mn* in *emne, emnista*, Ess. Evang. und Ps. pred., Heliand *stemna* und *stamn.*

d) Vor *j* ist *b* zu *b* geworden und geminiert: *sibbia, hebbian;* *bb;* nur in C 5086 *libbiandes* (wahrscheinlich schreibfehler).

§ 110 wenn *b* im auslaut steht, wird es zu *f*, s. § 113.

f.

§ 111. Der stimmlose spirant *f* scheint sich dem stimmhaften labiodentalen spiranten genähert zu haben: im Heliand wird hie und da *u, v, b* für *f* geschrieben, häufiger findet sich *u, v* für *f* in den kleineren denkmälern (vgl. auch Braune Ahd. gr. § 137).

In den Heliandhss. ist anlautendes *f* regel, in den andern denkm. wird *f* neben *u* (*v*) gefunden, z. b. Segen 2 *fana*; Beichte *fadar*; Freck. H. *ferscanga, ful*; Hom. *folk*; Mers. gl. *forsekenun*; Ess. Ev. *farsculda, fêcanaco* etc.

Anlautend findet sich dieses *u, v* und auch *b* in Mon. 5213 *biualah*, 739 *biuengi*, 1733 *barleosan*, 2394, 2398, 2405 *biuallau* und *biuoran*; in den andern denkm. Oxf. gl. *uerthingian* etc. Ps. pred. *veruuandlod*; Mers. gl. *vram, vullist*; Ess. Ev. *uerbidi*; Fr. H. *winvard, vrûno, verscange, vaston, vilo*; Ess. H. *vôther, vêhus*; Segenspr. *vetherun, visc*; Strsb. gl. *uôti*. u. s. w.

§ 112. Inlautend findet sich im Heliand *u, b, b* für *f* zwischen vocalen oder zwischen sonanten und vocalen z. b. in *fiui, wulbos*, u. a. s. § 106, 107.

Anm. Vor stimmhaften consonanten und vor *l* stehen abwechselnd im Heliand *f, b* und *b*: *hôfde* und *hôbde, gilôfde* und *gilôbdun* etc. s. § 109, *lioflico leoblico*. Auch im Ess. Ev. *libi* und *lifdi*.

Vor *t* steht *f* in *oft, aftar, craft, eft*. Einmal im Heliand C 38 *ht* für *ft*: *craht*, häufiger in den Prud. gl. *kraht, thruhtigens, ohto, non numquam*, (aber auch *biheftid*), Hom. 13 *ahter*, Fr. H. *eht*, Ess. Ev. *haht* (Got. *gipuhaft*) und *haht* (vinctus) aber daneben *giscaft, ehaft, ferkoft, uncraft*. Dieses *ht* wird im Ess. Ev. auch zu *t*: *nodhurt*.

Anm. 1. Ueber *f* zwischen vocalen s. § 107 anm.
Anm. 2. *f* in *eftha* s. § 149.
Anm. 3. Vor *n* steht *f* wenn kein secundärer vocal eingefügt ist s. § 109 c.

§ 113. Geminiertes *f* erscheint nur in *aheffian* C 4324 sonst *bb*: *ahebbian* C 24 etc.

§ 114. Auslautendes *f* ist entweder urgerm. *f* oder im silben- oder wortauslaut aus *b* entstanden. In einigen wörtern findet sich im Heliand abwechselnd *f*, *b* und *b*, nämlich in *wîf*, *liof*, *lîf*, *self*, *ef*, *gef*, *gaf*, *lof*, (einmal C 259 *lieu*) *hôf*, *rôf*. Auch in *af* wenn ein *h* oder vocal folgte: *abhuobun*, *abonsta* (C 1043 M *afonsta*), und M *abunst*, C *avunst*, letzteres hat auch Beichte 9 *avunstes*.

Anm. C 2910 hat *s* statt *f*: *neslu* für *neflu*; ein beweis dass die vorlage von C langes *s* hatte, wodurch verwechslung mit *f* entstehen konnte.

2. Gutturale.

k.

§ 115. *k* und *c* bezeichnen die gutturale tenuis. Im allgemeinen stand, wie im althochdeutschen (Braune § 142), *k* vor *i* und *e*, *c* vor *a*, *u* und *o*: *mikil*, *kêsur*, *kind*, *sprikis*, *kiosan*, *biswîcan*, *spraca*, *cûthian*, *cuning*, *gicoran*. Dieser gebrauch findet sich in den hss. nicht regelmässig. Häufig ist auch *c* vor *e* und *i* so wie *k* vor *a*, *u* und *o*.

Vor consonanten findet sich sowohl *c* wie *k*; in bestimmten wörtern wie *craft*, *Crist* findet sich meist *c*.

Anm. 1. Die verhältnisse im Heliand sind: zahlreiche *c* vor *a*, *u* und in beiden hss. In C 595 mal *k* vor *i* und *e*, 194 mal *c* vor *i* und *e*, 96 mal *k* vor *a*, *u*, *o*, 71 mal *c* vor consonanten (*n*, *r*, *l*) ausgenommen *Crist* und *craft* welche nur (ausgenommen C 1265) *krist* aufweisen, 11 mal *k* vor consonanten, im auslaut 313 mal *c* gegen 130 mal *k*. In M 612 mal *k* vor *i* und *e*, 32 *c* vor *i* und *e*, 114 *k* vor *a*, *u* und *o*, 24 *c* vor consonanten, 32 *k* vor cons. ausgenommen *craft* worin nur *c* steht; 29 mal *Crist*, 48 mal *Krist*; im auslaut 272 mal *c* und 136 mal *k*.

c vor *i* und *e* findet sich in M von v. 727—1352 und 4190 bis ende in *scepi* (neben *skepi*), *scin* (1211), *scefti* (1352); in C in *scepi* woneben *scipi*, in *discæ*, *hosce*, *folces* (2 mal), *hiwisces*, *micilo* (2 mal) *rices* (v. 2) *scin*, *scinan*, *scimo*, *scip*, *scerian*, *scenkon*, *gihwilices* (2 mal), *scild*, *wiceon*.

k vor *a*, *u*, *o* steht übereinstimmend in beiden hss: z. b. 9 mal in *sprekan*, *sprikun*, *spraka*, 1 mal *kuning*, 2 mal *kaflon*, 2 mal *karon* etc.; in vs. 168, 538, 621, 2261, 2320, 2328, 2891, 3131, 3204, 3213, 3255, 3374, 3664, 3809, 4018, 4123, 4190, 4590, 5011, 5273.

Auslautendes *k* ist in C im beginne häufig, später mehr *c*; *ik* hat *k*, in C ausgenommen 822 und 1690 *ic*; in M bis v. 2452 *ic*, von da ab *ik*, vor 2452 *ik* in 285, 288.

Uebereinstimmend steht *k*, in beiden hss (ausgenommen *ik*) in 153, 154, 171, 199, 308, 352, 501, 614, 2318, 2630, 2946, 3011, 3023, 3094,

§ 115, 116. Die consonanten: *k*.

3143, 3095, 3203, 3212, 3345, 3397, 3402, 3509, 3598, 3639, 4029, 4057, 4076, 4163, 4508, 4569, 4842, 4901, 4975, 5170, 5192 in *sprak* (14 mal), *lik* (5 mal), *flesk* (3 mal) *bôk* (4 mal) *hwilik* (1) *werk* (1), *fisk* (2 mal), *wêk*, *rink*, *biswêk*, *swêk*, und *galileesk*.

Abweichungen, wo eine der hss. *k* vor *e*, die andere *c* vor *a* hat, wie in 183 C *suodlicas* M *sodlikes*, finden sich in 257, 463, 559, 561, 1316, 2047, 365, 375, 1432, 506, 1212, 1280, 1444, 1298, 1338, 1477, 1592, 3081, 3144, 3204, 3608, 3936, 4314, 4538, 4942, 5031, 5043, 5271.

In P steht regelmässig *c*, *k* im *suokean*, *mikil*, *rikea*, *spraki*, *diorlico*, *cumis*, *wirlico*, *diurlicaro*, *gicoran*, *licodi*, *scal*, *scolda*, *gilicnessia*, *craftag*, *craft*, *Crist*; ausgenommen *Crist* (wofür in M *krist*), alle mit C M übereinstimmend. Nicht so in *kuning* (C M *cuning*), *urkundeo* (C *urkundeo*, M *urcundeo*) *knio* (C *kneo*, M *cneo*), *kraftag* (C M 982 *craftig*, *craftag*). Auslautendes *c* stimmt in *folc*, *diorlic* mit C M überein, *gehwilic* (975) wie C (M *gihwilig*), *k* haben *ôk* (C *ôc*, M *og*), *ik* (3 mal wie in C, M hat *ic*) und *sprak* (C *sprak*, M *sprac*).

Anm. 2. Die anderen denkmäler haben *k* und *c* meist ohne unterschied vor *i*, *e*, und *a*, *u*, *o*. Greg. gl. *bârliko*, *sprekandi*, *saka*; Ess. Heb. *êkan*, *crûkon*; Hom. *kalend*, *bekuman*, *godlika*, *gewilik*, *folk*; Conf. *c* in *cristin*, *biscop* und *scolda*, sonst *k*: *werko*, *githenkon*, *ik*; Prud. gl. *wraka*, *kraht*, *kevis*, *kievis*, *kerrent*, *beckin*, — *wegescêth*, *giscerp*, *scerningos* etc.; Oxf. gl. *mirikôi*, *furka*, *sceldwara*, *scindulan*; Strassb. gl. *stunka*, *tibrokan*, *scêtha*, *scirion*, *thecina*; Psalm-predigt *c* in *Crist*, meist *k*: *sprekad*, *kumen*, *gercko*; Ess. gl. *côp*, *folca*, *emsiclicor*; — *hrênkurni*, *unkust*, *wraka*, *tebriku* u. a. *gihwitscepia*, *herscepias*, *giscerid*, *farbrâkin*, *mikil* etc. Freck. Heb. hat *k* und *c* durch einander: *cô* und *kô*, *spikare*, *sculd*, *scilling*, *bikie* und *bicie*, *kiêsas* und *kâseos* (hs. M.), *giscêthan*; Werdener Heb. *k* vor *i*: *werki*, *beki*; vereinzelt auch *c*: *Ascesberge*, *Ascitari*; vor *a*, *o*, *u* stehen häufig *c* und *k*: *scar*, *scopingun*, *Bennico*, *broka*, *kampe* etc.

Anm. 3. Einige male findet sich *g* und *h* für *k*: *wirôg* M 674 (C *rôc*), C 306 (M *rôc*), *sulig* M 925, *gihwilig* M 975 (C *gihwilic*); Ess. Evang. *sulig*; — *gilih* M. 785, 935.

§ 116. An einigen stellen findet sich hinter *k* vor folgendem *e* ein *i*, vor *a* ein *i* oder *e*, geschrieben. Ob hier überall palatalaussprache des *k* anzunehmen ist, ist fraglich (vgl. § 29 anm. 5 und § 36) z. b. M 3582, 5087 *antkiennien*, 3607 *antkienda*, C 261 *scealt* (anglosaxonism), 1212 *têkean*, 164, 375, 1703 *sprekean*, Mers. gl. 25 *kieljirithi*, Freck. H. *kietel*, *pinkieston*, *kiêsos* (K) (*kâseos* M), Prud. gl. *bikiert*, *kierta*, *kievis*, *skiêthunga*, Strassb. gl. *sciêp*, Hom. *kiêsur*, Prud. gl. *kiasur*, *kiasarlicara* (*kêsur* in C und M).

§ 117. Inlautendes *k*, *c* bleibt in der regel unverändert: *saca, thanke, bôcan, bôcna* u. s. w.

Anm. 1. Vor *n* findet sich einigemal *g* statt *k:* C *tëgno* 852, 2076; *fêgnian, fêgnia* 1738, 2274 (M *tëcno, fêknian* etc.); M *bógno* 373, *bógne* 545 (C *bôcno*), *fêgni* 1228, *fêgnian* 1280 (C *fêkni*); Ess. Evang. *tégnida* (hs. *tégnidda*); *k* wurde wohl in der aussprache vor *n* zu *g* erweicht.

Anm. 2. Im Monac., Oxf. gl., Ess. Ev. und Taufgel. finden sich einige wörter mit *ch* für *k*: M 2407 *thicchero*, 5080 *wrachi*; Oxf. gl. *wicchun, recho*; Ess. Ev. *buocheria, bôcherion*; Taufgel. *forsacho*.

§ 118. *kk* ist westgerm. *kk* in *likkon, stokkes;* geminiertes *k* vor *j* in *rekkian, thikki;* vor *r* in *accar (akkar)*.

Anm. 1. Statt *cc* steht *cg* in *scocga* (Oxf. gl.). In C findet sich für *kk* in 2 *ck*: *reckean*.

Anm. 2. In C 548 *rikkian* ist *k* vor *j* nach langer silbe geminiert; wohl schreibfehler.

§ 119. Für *kw* findet sich überall die schreibweise *qu, quala, quethan, qüic* etc, Fr. H. *querna*, Strsb. gl. *quiched*, Prud. gl. u. a. *quethana*.

§ 120. *sk, sc* hat im Heliand, ausgenommen C 5295 *hosche*, überall dieselbe schreibweise mit der oben erwähnten abwechslung von *c* und *k*: *skîmo, giscapa, harmscare, éscon* etc.

In Fr. Heb. 507 *ssc: flêsscas;* *sch* in Mersb. gl. 40 *aeschiað* und Fr. Heb. 306 *visch;* *sg* in Segenspr. B, 3, 4 *flêsg, flêsgke*.

g.

§ 121. Der buchstabe *g* wird für tönenden gutturalen verschlusslaut, für tönende spirans und für den halbvocal *j* gebraucht. Im allgemeinen ist *g* — ausgenommen wenn *g* für *j* steht, worüber in § 94 — tönende gutturale spirans. Die meisten fälle wo *k* für *g* steht, was auf explosive aussprache des *g* weist, finden sich in den Prud. gl., eine im Ess. Ev., wo *sleka* für *slega* steht.

§ 122. Anlautend steht *g* in *galm, gêl, glimo* u. a. Prud. gl. haben *c* für anl. *g* (wohl hochd.): *cumono* (senatorum), *cumiski* neben *gumiskias;* *gh* steht einige male in der Fr. Heb. *Ghrônhurst, Gheliko, Ghielo*.

Im praefix *gi* ist durch palatale aussprache des *g* vor *i ji* und *i* entstanden: Oxf. gl. *ihilla, imûthi, itwisan, ivallan, utihalad*, Lindauer Ev. *iwôstid, emerkta* (Ess. Ev. *giwostid, gimerkta*) Mers. gl. *ilétene*, ähnlich auch in *kieljirithi*. In den Mers. gl.

§ 122—126. Die consonanten: g.

wird einmal *h* davor gefügt *hiburlicuru* 12. Vor *e* hat die Fr. H einmal *i* in *ieldan* (F. H. 310) neben *geldet*.

Anm. In der Beichte 1, 15,19 und 4, 8, 13, 21 etc. stehen die formen *giuhu* und *iuhu*, 1 pers. sg. praes. des verbum *gehan*, (confiteri) wofür *gihu* zu erwarten war. Durch ausfall des *h* zwischen vocalen entstand wahrscheinlich erst *giu*, und durch die palatale aussprache des *g iu* (aus *jiu*). Durch einen gelehrten schreiber wurde wahrscheinlich das alte *hu* wieder hinzugefügt, da sein auge *gihu*, *jihu* gewöhnt war, und so entstanden *giuhu* und *iuhu*. Einmal in 15 hat er die alte form *iu* stehen lassen, daneben sein *giuhu* geschrieben. Ebenso findet sich in den Prudentius-glossen *gisiaha* für *gisia*, vgl. § 30.

§ 123. Inlautendes *g* zwischen vocalen ist überall tönende spirans. Auf palatale aussprache des *g* in M weist 3944 *tóiu* (C *tógiu*). In den Prud. gl. und im Ess. Ev. stehen *órslecon* und *sleka* statt *slegon*, *slega*, daneben aber *angein* und *geinwardi* (für *gegen*).

Zwischen vocalen steht *h* für *g* in M 131 *tuhin* (C *tugin*), *ch* in hs. M der Fr. H. *nichontein*.

In *nigun* (ahd. got. *niun*) hat sich *g* eingedrängt (Kögel Beitr. IX, 533, Jellinek Beitr. XIV, 582).

§ 124. Vor consonanten hat *g* im allgemeinen spirantische aussprache, daher einige male *h* statt *g*: C 2305 *gisahdin* (M *gisagdin*)

Explosive aussprache, ausgedrückt durch *k*, *c*, findet sich im Heliand vor *s* in *ékso* (besitzer), vor *l* in *swikle* (C *swigli*), Prud. gl. *burklica* (urbanum); vgl. auch § 117 anm. 1 § 126, 127 anm.

§ 125. Vor *d* schwindet *g* im Cotton. in *hugdig*: *baluhudig gramhudig*, *wrêđhudig* (aber nicht überall), M hat immer *hugdig*, so auch die andern denkmäler, nur in den Prud. gl. *gehuddigon scal* recolet. Vor *n* ist *g* ausgefallen in C 996 *mahtina* (M P *mahtigna*), 3180 *craftina*.

§ 126. Die gemination des *g*, sei sie urgerm. wie in *roggo* u. a. oder sei sie vor *j* entstanden wie in *huggean*, *eggiun* u. s. w. wird meist durch *gg* ausgedrückt; einige male durch *gk*, *cg*: in Prud. gl. *brugkiun* neben *bruggiun*, Oxf. gl. *giwicge* (trivia), durch *kk*, *ck* Oxf. gl. *wecke* (cuneus), und in der Fr. H. (hs. M) *rokkon rukkinas* (Fr. H. hs. M 3 *roggon*).

In *thiggeat* C 2640 wechselt *gg* ab mit *ng* in M *thingeat*, iu Fr. H. *penniggo* mit *penninggo* und *penninga*.

§ 127. Auslautend steht in den meisten fällen *g*: *drôg*, *énig*, *manag*, etc.

Anm. Hie und da steht *h* für *g*: C 1047 *bidrôh* (M *bidrôg*), 1205 *manah*, 2529 *mah*, 3228 *ginôh*, 4155 *drôrah*, Greg. gl. *silih*; Oxf. gl. *ch = g*: *willich* (laeta). Die Fr. H. hat *twentigh*, *tuentich*, und *viertih* (hs. M. *tuetihc*, *thritihc*).

In M wo auch inlautend *g* für *c* gefunden wird (§ 117 anm. 1) steht auch einmal *c = g* im auslaut: *ôdoc* 1640 (C *ôdag*).

Auslautendes *g* ist abgefallen in *mahtig*, *thritig*, *sculdig*, *wirðig*, *wlitig*, *sâlig* und *énig* in C 264, 812, 1378, 2193, 2296, 2349, 4221, 5149 *mahti*, etc. wo M *mahtig* u. s. w. hat.

Hinzugefügt wurde *g* in C 807, 5074 *mahtig* (M *mahti*), C 1240 *gibrahtig*, C 935 *mid wihtig*, 4032 *thorftig ik* (*thorfti ik*) u. a.

h.

§ 128. Germanisches *h* ist im alts. teils hauchlaut geworden, teils hat es seinen ursprünglichen wert eines harten gutturalen spiranten bewahrt. (Braune Ahd. gr. § 150 ff.)

Zum hauchlaut ist *h* geworden im wortanlaut und zwischen vocalen im inlaut. In der zeit der entstehung des Heliand war *h* wahrscheinlich noch fest, nicht aber in der zeit der abfassung der hss., denn es finden sich hierin wörter, worin *h* fehlt, neben anderen mit *h* im anlaut, welche der alliteration und der etymologie wegen nicht dahin gehören (§ 129 anm.).

Anlautend vor consonanten ist *h* im Heliand ziemlich gut bewahrt, in den kleineren denkmälern ist es öfters ganz vernachlässigt und wurde also wohl nicht mehr gehört. Auch inlautend zwischen vocalen ist die auslassung des *h* häufiger in den späteren hss. als in denen des Heliand.

§ 129. Anlautendes *h* vor vocalen bleibt meist unverändert: *hafton*, *helpa*, *hêlag*, *hôh*, *hugi*, *hûs* u. s. w. Nur vereinzelt ist es abgefallen: in Mers. gl. 33 *selfêdia*, Fr. H. *ordei* (lat. hordei), M 2989 *at endi* (C *hendi*) 4144 *giêrod* (C *giherod*), 4541 *ûso* (C *hûso*), 5048 *gieftid*, C 2824 *ungres*, 5550 *ôbde* für *hôbde*, C 4917 *endi* (M *handi*), *Erodes*.

Anm. Vorfügung eines *h* findet sich in beiden hss. des Heliand: C 823 *hidis* (M *idis*), M 1504 *mênhêdos* (C *mênnêthos*), 5077 *helcor* (C *elcor*) *hliodan* (C *liodan*) und im Prud. *hrihtungu, hwari, heccor,* Oxf. gl. *halebiric.,* Ess. gl. *hwahsan, hwi* (wir), *gihwitscepia, hrûnoda* neben *ruonadun.*

§ 130. Anlautendes *h* vor *r, l, n,* und *w* ist in den Heliandhss. gut erhalten: *hladan, hliotan, hlŭttar, hnîgan, hrôpan* u. a. In P 999 *uuand,* in 973 *huand,* 1001 *huar* u. a.
In den anderen denkmälern fiel anlautendes *h* vor *r, l, n* und *w* vielfach weg: Fr. H. *ruslos* (Prud. *hrusli*), *neppenon* (einmal 511 *hnippenon*); Strsb. gl. *umbiwerbi*; Hom. 52 *gewilik*; Ess. Ev. *uuat, neuuethar, lastar*; Oxf. gl. *nuoe*; Greg. gl. *ripsinga*; Prud. gl. *reoda, rênunga, ludonthion;* daneben aber Fr. H. *huilik, gihuilik,* Ess. gl. *huar, hwilik,* Oxf. gl. *hlinandi, hrômiat, hringa*; Greg. gl. *hripsod*; Prud. *hrîpo, hloteri, hwilic* etc. Prud. 54ᵇ *hr* für *wr* in *hritantion* (scribentibus). In den Gregor. gl. *wh* statt *hw*: *whilik.*

§ 131. Inlautendes *h* wird zwischen vocalen und auch nach vocal vor folgendem consonant in der schrift öfters ausgelassen; das *h* hatte hier wohl sehr schwachen klang und wurde endlich gar nicht mehr gehört. Da es aber in vielen wörtern nach analogie anderer formen blieb und die schreibweise das *h* beibehielt, sah man in diesem *h* bald ein zeichen der silbenteilung, und so kam auch ein *h* in vielen wörtern zwischen vocale, wo es etymologisch nicht hingehörte.

a) *h* blieb in M und C in *spâha, ehuscalcos, fehas, hôhost, wîha alaha — gimahalde* (nur in M) *mahlis* (C) *mahlean* (C M) u. a.; Ess. Ev. *sihis, utslaha, — gimehlidun*; Oxf. gl. *mâho, mahal, gisehe*; Prud. *aslaha*; Beichte *wîheton, unfraha.*
Ausfall des *h* ist im Heliand nicht sehr häufig 1739: M 547 *gean* (C *gehan*), 745 *Betleem,* 1460 *gifliit* (C *giflihid*) 1905 *aslaan* (*slahan*); 2395, 3158 *sean* (C *sehan*); 4194, 5154 *thiit* (C *thihit* C 5077 *bithîan* (M *bithihan*) so auch in *fâan,* 1552 *fâis* (C *fâhan* und auch M meist *fâhan*), u. a.; in C 1448 *nâiston* (3275 *nâhiston*), 470 *gimalon* und 139, 914, 3136, 3993 *gimalda.* In den anderen denkmälern ist der ausfall häufiger: Beichte *wîethon, iu* (neben *giuhu*), Hom. *wieda,* Ess. Ev. *overhôi, nâist,* Lindauer gl. *utsla* (Ess. gl. *utslaha*), Greg. gl. *nâiston,* Prud. gl. *aarinon, hôilic* (hd. *huohlih*), *scôon, hôan,* Oxf. gl. *semithai, furie.*

§ 131—133. Die consonanten: *h*.

Anm. In *treuuafte* M 1251 u. s. w. war das anlautende *h*, da es inlautend geworden war, nicht mehr ausgesprochen, in C aber blieb *h* in *treuhaft*.

b) In einigen wörtern ist unrichtig *h* eingefügt z. b. M 3593 *sinihun* statt *siniun* wie in 1035 (C *sinhiun*), M 2389 *sêhan* (C *sáian*), C 5951 *kneohon*. Abwechselnd erscheinen mit und ohne *h*: M 1704 *bráhon* (C *bráuuon*), M. 1001 *gisáhi* (P und C *gisauue*), M 3637 *gisáhin* C) *gisáuuin*) etc., M 1724, 1738 *fratoo*, C *fratoho*, 3763 M *fratahun* C *fratohon*, so auch *firio* und *firiho*, *frahon* und *fraon*.

Vor consonanten ist *h* eingefügt in C 310 *fêhmea*, M 819 *gróhta* (C *gruotta*).

Anm. In *giuhu* (Beichte) und *gisiaha* (Prud. gl.) ist die letzte silbe hinzugefügt an *giu*, *gisia* s. §. 122 anm.

§ 132. Vor *t* und *s* bleibt *h* in den Heliandhss. meist unverändert;

a) einige male findet sich *th* für *ht*, einmal einfaches *t*: C 1637 *ferethlico* (M *ferhtlico*), 1674 *berethlico* (M *berhtlico*) 5808 *bereth*, 1904 *fortiat;* M 2176 *brathmu* (C *brahtmu*); *gt* statt *ht* C 812, 1058 *magti*.

Von den anderen denkmälern hat hs. M der Fr. H. vielfach *th*, *tt* für *ht*: 318 *liethmissa*, 544 *retton*, 551 *ammatha* (d. i. *ambahta)*; Mers. gl. *ti thurslethi*, *attedun* (*ahtedun*); Oxf. gl. *nathagala*, *speth*; Ess. gl. *obult*, *giwarta*, *vorta*, *crataga*, *hata*, aber daneben *nahtselitha*, *hahta* u. a.; Prud. gl. *anvortid* neben *unrehtara* und von anderer hand: *bráhta*, *craht*, u. a.

Anm. 1. Umgekehrt steht auch *ht* für *th* in Prud. gl., Ess. gl. und einmal im Hel. 2139, s. § 144.

b) Vor *s* findet sich neben *wehsal* und *wehslon* in M 3735 *wesl* und 2708 *weslode*, C 2486 *giweshlot;* ebenso ausfall von *h* in hs. M der Fr. H. *ses*, *sestein*, Strsb. gl. *wassad*, Prud. gl. *thisla*, *mist* (neben *wahson*), Oxf. gl. *thisle* (neben *wahs*).

§ 133. Auslautendes *h* bleibt meist unverändert. In C fällt es in *thuru*, wofür M *thurh*, meist ab, auch in *fera*, M *ferh*, in C und M 1500 *hô*, M 1395, wie auch C 4235 u. a. Oxf. gl. *bifal*, Fr. H. 114 *ná*, Ess. gl. *thuru* und *thur*, Ps. pred. *thuru* und *thurug*.

3. Dentale.

t.

§ 134. Die dentale tenuis bleibt im an-, in- und auslaut vor vocalen und consonanten unverändert: *tand, tehan, trahni, twêne, twisk, ûtan, that, hêt, eft, maht,* u. a.

Auslautendes *t* fällt ab in *is* statt *ist* in Monac., Prud. gl., Ess. gl. und Fr. H. und in C 363 *drohscepi* (M *druhtscepi*), Mers. gl. *wislice*.

Anm. 1. Der abfall des *t* erklärt sich nach einigen aus vorhergehender assimilation des *st* zu *ss*, welches zu *s* vereinfacht wurde. Andere ziehen vor, *is* als neubildung zum urgerm. plural *izum* (an. *erum*) zu erklären.

Anm. 2. *Th* statt *t* findet sich in einigen wörtern: in C 405 *thegne* statt *tècne*, 689 *giwith* (für *giwit*), 5563 *warag threwe* (statt *warag trewe*), Ps. C *ûthledi*.

Anm. 3. Neben *and* in *andwarp, andwordi* findet sich öfter *ant* C 4100 *andwarp*, M *antwarp*.

Anm. 4. Wenn in den glossen *z* oder *c* statt *t* gefunden wird, so sind die wörter entweder aus dem hochdeutschen abgeschrieben oder die form muss dem einfluss eines hochdeutschen abschreibers zur last gelegt werden; z. b. Prud. gl. *zavolunde, zâhi*, Ess. Ev. *ce, lucik*, etc.

§ 135. Geminiertes *t* ist: ursprüngliches *tt* wie in *scatt*; entstanden durch verdopplung vor *j* in *settian, lettian, flettie* etc; vor *r* in *hluttran, hluttru*, M 837 aber *hlutru*, vor *l* in *luttel*; nach vocalausfall und assimilation des *d* im praeteritum der schwachen verben: *gróttun, bóttun*.

Anm. C hat unrichtige geminierung in *mohtta* 2552. Zu *thitt* u. a. 4687, 4645 vergl. mhd. *ditze*, ndl. *ditte*.

§ 136. Beispiele des *tl* neben *thl, ðl, dl* in *bodlos, seðle*, (Heliand hss) und *sethal* (Prud. gl.) *sethlo* (Conf.) finden sich im altsächsischen nicht; nur Ess. Evang. *ensêtlion* neben Lind. gl. *ênsêdlion*.

§ 137. *tst* ist zu *zt* und *st* geworden, *zt* in *best* meist in M, *st* mehr in C M 584 *bezton* C *beston* so auch 619, 972 u. s. w. C 3428, 4336, 4361, 4375 *lezto* M *lazto*, 4288 C *lezto* M *lasto*, etc. *z* hatte hier wohl den wert eines *ts*.

d.

§ 138. Die dentale media, gotischem *d* entsprechend, hat in in- und anlaut im as. wenig veränderungen erlitten.

§ 138—140. Die consonanten: d.

Anlautend steht sie in wörtern wie *dag, dâd, dôd, derni, dragan, druhtscepi, dwalm* etc.

Anm. M 154 hat *gitrusnod* statt *gidrusinot* wie in C; C 5105 *ðôðes* statt *dôðes*.

§ 139. Inlautendes *d* bleibt vor vocalen und consonanten meist unverändert: *godes, tîdi, hêdro, weroldi* u. s. w.

Wenn sich für *d* einige mal *th, ð, t* vorfinden so sind dies teils schreibefehler, teils dem streben nach ausgleichung zuzuschreiben.

Anm. 1. *th* statt *d* findet sich C 1654 *horth*, 2510 *bothme*, Oxf. gl. *cledthe, hacth,* Prud. gl. *hritanthion* (i. e. *writandion*); *ð*, d in C 33 *worðon*, 511 *metoðes*, 608, *gihorda*, 822 *gisidon*, 1302, 5382 *ôdmuodi*, 1325 *habda*, 1651 *hordes*, 3261 *horð*, 2493 *strid*, 4815 *stridu*, 4976 *stridða*, 4854 *stridiqa*, 2507 *liodan*, 3142 *odes*, 3176 u. a. *Judeono Judeo* (M C 788) 3426 *arbidton*, 3437 *arbidwerc*, 4934 *fridhof*, 5103 *racode*, 5333 *inwidspraca; t* für *d* in M 1645 *giwati*, Taufgel. *gotes,* Ess. Evang. *nemente, flehtente* (neben *suoginda*).

Anm. 2. In den verbalformen mit *th*, wo *d* im grammatischen wechsel mit *th, ð* steht, muss *th* oder *ð*, wo *d* zu erwarten war, dem streben nach ausgleichung zugeschrieben werden: z. b. in C 154 *gilithan* (part. prt.), 692 *quithun*, 2653 *giquethan*, 3177 u. a. *wurthun,* Ess. gl. *wurthin;* 2728 *wurthun*, 2875 u. a. *wurði* M 2865 *wurði* (C *wurdi*).

Nach *p*, und *t* geht *d* im praet. der schwachen verben der 2 kl. über in *t* z. b. *dôpta, grôtta;* nicht wenn zwischenvocal da ist: *dôpida.* So auch nach der stimmlosen spirans *f* und nach *s* in Ess. Heb. *fifte,* Fr. Heb. *ellefta,* Taufgel. *gelôbistu.*

§ 140. Im auslaut bleibt *d* meist unverändert, aber geht auch häufig über in *t*, sowohl in wort wie in silbenauslaut: z. b. im part. praet. der schwachen verben, in C und M *gifrôdot, gislekit, gitôgit, afôdit, gidrusinot, giwardot* neben *gifratohod, gifriðod, gifullid* u. s. w. in wörtern wie *dôt* neben *dôd, tharot* und *tharod, got* (C 4779) und *god, niut-* (M) *niudlico* (C), *thietscathon* (C) *theotgodes* (M). *mit* neben *mid.*

Neben *and* ist in zusammenstellung häufig *ant*, ohne dass einfluss der folgenden laute nachgewiesen werden kann, z. b. *andwordian* und *antwerpan.*

In einigen zusammenstellungen scheint das *t* auszufallen z. b. *anbîtan* und *andbîtan, anbiodan, antdrâdan* und *andrâdan* u. s. w.; hierbei ist wohl assimilation des *d* an *b* an zu nehmen.

Aehnlicher abfall findet sich in C *waldan god* oder — *crist* wo M *waldand* hat, z. b. 2790, 3198, 5942.

§ 141—143. Die consonanten: dd, th, ð.

Anm. Für ausl. d findet sich einige male ð, d und th: C 31 orðfrumo, 1654, 3281, 5669 horth, 4161 hêth, Oxf. gl. hacth (hacud); 2493 strid, Prager fragm. mið.

§ 141. Geminiertes d entstand 1) durch verdoppelung des d vor j: biddean, gibeddeon, middi, queddian etc. Neben inwiddies C 4628, 5060 steht in M inwideas, durch die flexionsformen ohne consonantengemination entstanden, vgl. z. b. 4469 kuni neben kunni.

2) dd entstand aus d+i+d in den sw. verben der 1. kl. durch syncope des i: stridda, fôdda.

Nach consonanten wurde dd vereinfacht zu d: 1) im praes.: z. b. mendian, sendian aus senddjan.

2) In den praeteritis wie mendun C (M mendiodun), wendun (wenddun), senda. Partic. praet. mit dd: Prud. gl. 56ᵈ gimêddan nundinatum.

In cûdda, cûddun ist dd aus thd, ðd entstanden. C hat auch ðd, thd behalten: 518 M cûdde C cûthde, 432 M cûddun C cûðdun, C 5227 cûðde, daneben auch td: C 123 gecûtdi, 875 cûtda, etc.

th, ð.

§ 142. Beide zeichen th und ð, so wie auch d, werden gebraucht um die tonlose und die tönende spirans auszudrücken; tönend war die spirans, wenn sie zwischen stimmhaften lauten stand.

§ 143. Im anlaut steht in allen denkmälern regelmässig th: than, thank, that, tharbon, thegan, thing, thû u. s. w.

Vereinzelt steht anlautendes d, ð für th in M 898, 3209, 3400, 3933, 4035, 5077, 5100, durbin, dorfte, durbun, duruun, dorfti, ðorfti, durbun, 5039 unbiderbi; in C 1897 ðurbin; t für th, haben M 1085 ti (C the darüber von 2ᵉʳ hand ti), 4889 wâpantreki (C wâpanthreki), C 576 tegnes (fur thegnes, wogegen 405 thegnes statt tecnes).

§ 143. Inlautendes ð wird sowohl bezeichnet durch ð wie durch th und d. In C finden sich mehrere ð, deren querstrich durch spätere hand dargestellt ist; diese werden bezeichnet durch đ.

Anm. Im folgenden sind auch aufgenommen die ð, welche im silbenauslaut vor sonant oder nasal stehen.

§ 143ᵃ⁻ᵈ. Die consonanten: *th, đ*.

a) Ausschliesslich *th* haben in C: *áthom, aléthian, banethi, bath-, béthie, bilithi, bróthar, burthinnia, durthu, éthos, fathi, forthro, fremithi, furthor, giméntha, gináthig, gisîth, gisîthi, giwerthan, giwrêthian, héthin, juguthi, kîth-, kûth-, kúthian, lathian, lîthan, léth-, lithi, míthan, móthi, morth-, nátha, náthian, nithana, nithara, nîth-, níthin, óthi, quithian, rethia, rethinon, rethion, skatho, skêthia, spáhitha, súthar, swîthi,* (aber auch *swîđron), tuithon, úthia, werth-, wóthi, wréthian, wrethian.*

In M: *fiortha, gimentha, héthin, kith, nátha, náthian, rethia, rethinon, rethion, tugithon.* Im Prager fragm. steht kein inlautendes *th*.

In den anderen denkmälern steht inlautend meist *th*: Ess. H. *vóther,* Hom. *wertha,* Fr. H. *smitha* Mers. gl. *mithan,* Beichte *wihethon, nithur,* Oxf. gl. *gether, egithon, unóthi,* Lammspr. gl. *rother, stathientemu;* Prud. gl. *lutharun, minutha, lothon, dótha* u. a.; (im part. prt. von *lubbian* heilen *gilubbiđemo*). In den Essener gl. wechseln *th,* und *d; th* in *werthad, giwerthirid, scathod, thiatho, wirthig, selitha, erthun,* woneben *erdon.* In Mers. gl. 31 *werthan,* und gl. 32 *werđan.*

b) Nur *đ* haben, in C: *salđa;* in M *bađ-, feđar, giwrîđian, niđana, ûđion, wrêđian;* Prager fragm. *bađo, blîđi, friđu.*

Ausschlieslich *đ* haben in C *ahtođen, awerđan, feđar, óđil, queđan, seđal, slîđi, snîđan, swîđron, fiorđa, niguđa.*

Nur mit *th* abwechslend steht *đ* in C in: *erđa* (2 *đ*), *márîđa* (1, 2 *th*); *th* mit *đ* in *blîđon* (1 *th*, 1 *đ*), *blóđi* (1, 2), *friđon* (1, 1), *lid-* (2, 3), *mûđ-* (1, 4), Mit *đ* und *d* abwechslend steht *th* in *blóđian* (1, 1, 1) *fađmos* (4 *th*, 3 *đ*, 2 *d*). *Skêđan* hat 1 *đ*, 2 *d*, *skrîđan* nur *đ*.

c) Nur *d* haben in C: *hónda* und *nádla;* in M: *adal, ahtoden, antquedan, awerdan, blidon, bródar, diurida, dód, edili, fadi, fordro, fremidi, fridon, fridu* (einmal *friđubarn), gibródar, gibidig, giquedan, hónda, hwedar, jugudi, kûd-, ladoian, laguildand, lêdon, lîdan, mêdom (médm-), nádal, nidara, nidin, óđıl, ódo, salda, sidor, skado, skêdan, skrídan, slídi, snídan, súdar, unquedand, wódi, wrêd-, wrêdian, wurdigiscapu, wurdigiscaft.*

d) *d, đ* und *đ* haben in C: *dóđ* (1 *d* gegen 4 *đ*, 4 *d*), *stađ* (2, 4 *đ*, 3 *d*) *wiđar* (1, 4 *đ*, 7 *d*) *wirđig* (4, 3 *đ*, 5 *d*); *d*

§ 143d—144. Die consonanten: *th*, *đ*.

und *đ* in M: *bliđi* (1, 4 *d*), *erđa* (10, 12 *d*), *fađmos* (1, 3), *friđubarn* einmal *đ* sonst *d*), *furđor* (1, 4), *giwerđan* (1 sonst *d*), *helid* (2, sonst *d*), *kûđian* (4, sonst *d*), *lid* (3, 1 *d*), *morđ* (1, 2 *d*) *seliđa* (1, 5 *d*) *stáđ-* (1, 8 *d*), *swîđo* (5, sonst *d*), *ôđi*, *ôđo* (1, 1 *d*), *werđan* (11 *đ* sonst *d*), *wiđar* (7 sonst (19) *d*), *wirđig* (1 sonst *d*).

e) *d*, *đ*, *đ̄* und *th* in C *ađal* (2 *đ*, 1 *th*, 5 *đ̄*, 9 *d*) *bliđi* (1, 2 *th*, 1 *đ̄*), *eđili* (1, 1 *th*, 1 *d*), *ôđar* (14, 2 *th*, 4 *d*, 28 und mehr *đ̄*), *queđan* (1, 1 *th* 1 *đ̄ seliđa* (4 *đ̄*, 2 *d*, 1 *th*), *sîdon* (1, 2 *th*, 1 *đ̄*), *werđan* (6, 8 *đ̄*, 6 *d*, meist *th*), *friđu* (1, 3 *đ̄*, 2 *d* meist *th*, in compos. 2 *đ*, 1 *đ̄* sonst *th*); — in M: *bêđie* (4, 4 *th* meist *d*) *biliđi* (1, 1 *th*, 7 *d*), *ôđar* (8, 2 *th* sonst *d*).

f) Nur mit *th* abwechslend steht *d* in C in: *gibidig* (3, 1 *th*), *helid* (1 sonst *th*), *lêđon* (1, 2 *th*), *liđokospon* (1, 2 *th*), *wrêđ*) (2 sonst *th*); — in M in: *ôđar* (4, 1 *th*), *alêđian* (1, 1 *th*) *blôdi* (1, 2 *th*), *fidan*, *ginâdig* (1, 1 *th*) *lidokospon* (1, 1 *th*), *sîdon* (1, 1 *th*).

§ 144. Auslautendes *th* ist *th*, *đ*, *đ̄*, *d* oder *t*. a) In C 81 mal *th* in wörtern wie *nîth*, *gisîth*, *dôth*, *north*, ungefähr 88 mal *warth*, meist *quathie* für *quath hie*, aber auch einfach *quat*, 3 *quađ*, 2 *warđ* und 1 *sîđ*; 60 mal findet sich *đ̄* im auslaut des wortstammes, 38 mal im ausgang der 3en prs. sg. pl. des verbum, wogegen *d* hier 61 mal und am ende des wortstammes 20 mal.

Ausgenommen in *quat* und *quathie* findet sich *t* 50 mal am wortende, (s. Behaghel Germania 31, 383). In den ausgängen der 3. pers. sg. pl. des verbums ist *t* beinahe regelmässig, z. b. Heliand 1—1600 ungefähr 90 *t* gegen 9 *d*, 4 *đ*.

Statt *th* findet sich 5 mal *ht*: 1878 *niht*, 2343 *lêhtlic*, 3799 *wiht* 4908 *suohtlic*, 4116 *nihtskepies*.

b) In M steht *th* 4 mal am wortende 2477 *wurth*, 3892 *geth*; als *hd* in 2055 *lihdlicora* (C *lith-*, Behaghel emendiert *lihtlicora*); *ht* 2189 *wurht* statt *wurth*. Im auslaut der 3en pers. des verbums findet sich nur einmal *th*: 3698 *farfioth*. — *đ* findet sich am wortende 22 mal z. b. in *slîđ*, *miđ*, *forđ*, *sîđ*, *wiđ*, *magađ* (neben *magat*), *quađ* (1084) und *warđ* (2975, 2192, 2453, 3131); in den ausgängen des verbums steht kein *đ*. Regel

§ 144c—147. Die consonanten: *th, đ, thl, dl, nth.*

ist *d* im auslaut, z. b. 80 mal *ward* gegen 4 mal *warđ*. Auch *t* ist ziemlich häufig im ausgang der 3. pers. aber nicht so wie *d*; z. b. vom anfang bis 2 000 erscheint *d* ungefähr 194 mal, *t* 50 mal. Am ende des wortstammes ist *t* nicht so häufig: 1997 *magat*, 1872 *witfâhan*, 4579 *wit* (C *wid*).

c) Das Prager fragment hat nur *đ* im auslaut: *forđ*, *girîsiđ* *quađ*, *warđ*.

d) Die andern denkmäler haben ebenso *th*, *đ* und *d*. — *Th* erscheint in Hom. *warth*, Beichte *mênêth*, Lind. gl. *warth*, Ess. Evang. *forth*, Oxf. gl. *hurth*, *lieth*, Prud. gl. *wegescêth*, *forth*, *warth*, *cûth* u. a., Greg. gl. *lêth*. In den Ess. Evang. Prud. gl. und Ps. pred. findet sich vereinzelt *ht* = *th*: Ps. pred. *erhtlikon*, Ess. Evang. *giscêht lêht*, *mânuht*, Prud. gl. *ût ascêht* (*scêth*) excepit, *raht*, *sniht*.

Im ausgang der 3. pers. steht *th* in Mers. gl. 10: *nietath*.

đ im auslaut ist ziemlich selten: Ess. Evang. *warđ*, *forđ*, *sûfrođ*, Mers. gl. 40 *aeschiađ*.

Meist findet sich im auslaut der 3. pers. sg. pl. *d*. Strsb. gl. *lescid*, Fr. H. *hâred*, *geldid*, *gived*, Hom. *lesed*, Ps. pred. *bidid*, *hebbed*, *brenged*, Ess. Evang. *werthad*, *scathod*, *gangod*, Greg. gl. *hripsod*, Prud. gl. *anvorted*, *kitilod* u. s. w. — daneben aber auch *t*: Ess. Heb. *geldet*, Prud. gl. *gewinnit*, Ess. Evang. *giltit*, *ûtsprûtit*, Oxf. gl. *hrômiat*, *gûtfanan* (aus *gunđ*) u. a.

§ 145. Über den gramm. wechsel s. § 86, 139 anm. 2.

§ 146. Nach *l* war tonloser spirant zum tönenden geworden und dieser wurde zur tönenden explosive im altsächsischen *bald*, *feld*, *gold*; Oxf. gl. aber *golthblômo*.

§ 147. Vor *l* bleibt *th* meist unverändert, wird aber *th*, *đ* und *d* geschrieben: Hel. *bodlos*, *seđle*, *nâdlon*, Beichte *sethlo*, Prud. gl. *nâthlon* Lind. gl. *énsedlion*, nur in Ess. gl. einmal *t*: *ênsetlion*, einsiedler.

Vor *m* in *mêthmo*, *bothme* hat M nur *d*, C *th* und *t*: 2510 *bothme* 1848 u. a. *mêthmo*, 3292 u. a. *mêtmo*; auch C 1302, 5382 *ôđmuoda*, sonst *ôdmôdi*.

§ 147. *nth* ist zu *th* geworden; auslautend blieb der tonlose spirant, wurde inlautend aber zu tönenden spirans, z. b. *cûth*, *sîth*, *mûth*, *sôth*, *ôđar*, *fîđan*, *lîđe*, *sîđon*, *ûđia*, *niguđa*; daneben

§ 147—152. Die consonanten: *th*, *s*.

in C *findan*, *nigunda*, einmal *andar* 1444, in M *mund*, M und C *urkunde*.

In den andern denkmälern ebenso: Prud. gl. *cûth*, Ps. pred. *mûth* und *munth*, Oxf. gl. *gûtfana* (*gûth*), *imûthi*, *mûthful*. Fr. Heb. *tegothon*, *sivotha* neben Ess. H. *sivondon*. (Ueber die bezeichnung dieser laute durch *th*, *ð* und *d* gilt das oben in § 143—145 gesagte).

Anm. In *tand* fällt der nasal nicht aus, bleibt also das *d*. In Prud. gl. *tanstuthlc* wurde *ds* wohl durch *ts* zu *s*.

§ 148. *thd*, *ðd*, entstanden durch syncope eines vocals oder zusammenziehung zweier wörter, wird geschrieben als *dd* in M: *cûdda* u. a., als *thd* in C *cûthde* (518), als *ðd* *cûðdun* (432), als *td*: *cûtda* (875).

§ 149. Wenn *t* eines vorhergehenden wortes mit anlautendem *th* zusammengezogen wurde, konnte *tth* zu *tt* und *t* werden; so findet sich *ant that* als *antthat*, *anttat*, *antat* und *anthat*; *scalt thu* wird in C zu *scaltu*; ebenso wird anl. *th* nach *s* zu *t* in Taufgel. *forsachistu*, *gilôbistu* etc.

§ 150. *th+th* in inlaut wird zu *tth* und *hth* in M: *ettho* (Got. *aippau*), *ohtho*, Greg. gl. *ohtho* und zu *fth* in M und C: Prud. gl. *ofthe*, *eftha*, *eftho* (s. Mahlow. s. 159); bei zusammenstoss eines auslautenden *th* mit anl. *th* wird ersteres meist zu *d* oder *t*: *quath that* ist in M immer *quad that*, in C *quad that* und *quat that*.

§ 151. *th+s* wird in C zu *zz*, in M zu *dz*, *ds* und *tz*: *blizza* C 2011, 3334, *blizzena* 2752; *blidsea* M 2011, *blitzea* 3334, *blidzeanne* 2752.

s.

§ 152. Der stimmlose spirant *s* blieb unverändert, wenigstens in der schrift, wurde aber in stimmhafter nachbarschaft wohl tönend gesprochen.

Anlautendes *s* ist sehr häufig: *saka*, *scarp*, *scala*, *slâpan*, *snîdan*, *strôian*, *swart* u. s. w.

Inlautend steht *s* in *wîsaro*, *thesaro*, — *cnôsles*, *bôsma*, — *consta*, *begonsta*.

Auslautendes *s* ist ursprüngliches *s* durch vocal gedeckt: *lôs*, *was*, *godes* etc., oder *ss* welches aus indog. *d* oder *t+t* entstand. Nach langem vocal wurde *ss* zu *s* vereinfacht: *wîs*, *môs*; nach kurzem vocal blieb *ss*: *hwass*.

Anm. Wie auch andere consonanten ist *s* in C oft unrichtig geminiert nach consonant und kurzem vocal: 1547 *wirss*, 4369 *genass*.

§ 153. Inlautendes *ss* entspricht westgerm. *ss* (entstanden aus indog. *d*, *t*+*t*. s. Beitr. 7, 171; 9, 150, Osthoff, Gesch. d. Perf. 522 ff., Brugm. Grundr. d. V. G. I, § 527): *wissin*, *kussu*.

Aus *hs* entstand *ss* in Strsb. gl. 59 *wassad*. Fr. Heb. *ses*, *sestein*. Ueber *tst* welches zu *st* in C, *tst*, *zt* in M geworden ist, s. § 137.

§ 154. Für *sk* und *sl* finden sich einige male im an-, in- und auslaut abweichende formen. In der Ps. pred. findet sich für *sl* die verbindung *scl* in *sclahan*, *sclâpan* (s. Scherer ZGDS² 127) daneben inlautend *hsc* für *sc*: *flêhsclik*. Im Segen B *flêsg* und *flêsge*.

Die schreibweise *sch* für *sk* findet sich Cott. 5295 *hosche* Mersb. gl. 40 *aeschiað*, F. H. *visch*.

z.

§ 155. *z* findet sich in den verbindungen *zt*, *dz*, *tz*, *zz*, worüber s. §§ 150, 152.

Im an- und inlaut anderer wörter muss *z* meist fremden einfluss zugeschrieben werden; so in den glossen, z. b. Prud. gl. *zundra*, *âdumzufti*, Ess. Evang. *zuhti*; — für *z* findet sich auch *c*: *ce sih*, *lucikoru* — alle diese sind aber hochdeutsche glossen. Im Heliand steht *z* aulautend nur im fremdwort *Zacharias*.

Flexionslehre.

I. Abschnitt. Declination.

Cap. I. Declination der substantiva.

A Vocalische (starke) declination.

1. Die *a*-delination.

§ 156. Die *a*-declination (indogerm. *o*-declination) enthält masculina und neutra, deren stamm ursprünglich auf *o*, später *a*, ausging. Sie werden in reine *a*-stämme, *ja*-stämme und *wa*-stämme unterschieden.

Die entsprechenden feminina bilden die *ô*-declination.

a) Reine *a*-stämme.

§ 157. Paradigmata: masc. *dag* tag, neutr. *word* wort, *graf* grab.

	masc.	neutra.	
Sg. N. A.	dag	word	graf
G.	dages, -as	wordes, -as	grabes, -as
D.	dage, -a	worde, -a	grabe, -a
I.	dagu, -o	wordu	
Pl. N. A.	dagos, -as, -a	word	grabu
G.	dago	wordo	grabo
D.	dagum, -un, -on	wordum, -un, -on	grabun, etc.

Anm. 1. Im gen. und dat. sg. finden sich formen auf *as* und *es*, *e* und *a* im Heliand durch einander; die mit *a* sind nur in kleiner anzahl. In Taufgelöbnis, Homilie und Segen hat der genetiv immer *es*, während die Ess. gl. und Freck. Heb. *es* und *as*, Prud. gl., Gregor. gl. Beichte und Segen nur *as* haben. Der dativ auf *a* findet sich auch in der Homilie; die andern denkmäler haben denselben vocal im dativ wie im genitiv.

Anm. 2. Der instrumental hat im Hel. *u*, nur Mon. 2910 *nebulo* (C

§ 157—159. Reine a-stämme.

neflu). In don kleineren denkmälern findet sich kein beispiel, ausser in der Ps. pred. *bluodu*.

Anm. 3. Im Heliand ist *os* die regelmässige form des n. a. pl.; C hat 7 mal *as*, M 5 mal, *a* nur C 3072 *slutila*. Prud. gl., Essener Evang. und Beichte haben *os: hôdos, gislos — hôuidbandos, hliuningos — biscopos, prêstros*. Taufgelöbnis und Indiculus haben im n. a. pl. *as, dâdsisas, genôtas, nimidas*. Abwechselnd *os, as* und *a* haben die Oxf. gl. und Freckenh. Heb. *druhtingas, scoega — scillinga, verscange, kiesos, ruslos*, Essen. Heb. und Hom. nur *a: afgoda, bikera* (über die endung -*os* s. Paul Beitr. VI, 550).

Anm. 4. n. a. plur. neutr. haben im Heliand *u* bei den kurzsilbigen bewahrt. In den anderen denkm. findet sich in Prud. *nôtilu* und in Freck. Hb. *ofligeso*.

Anm. 5. dat. pl. hat im Taufgelöbniss die endung *um*. Im Heliand ist *un* vorherschend in M.; vereinzelt findet sich *um* (1430, 1720), vgl. Germ. XXXI; 390 f.; *on* haben C und P. In den andern denkm. nur *on*, ausgenommen die Mers. gl., welche *un* haben: *thingun*.

§ 158. Nach *dag* gehen z. b. *berg* berg, *bôm* baum, *dêl* teil, *erl* mann, *hof* hof, *kneht* diener, *mûth* mund, *môd* sinn, *ord* spitze, *scô, scridscô* schlitschuh, *wêg* woge, *akkar* acker, *âthom* athem, *nebal* nebel, *gîsal* geisel, *himil* himmel, *mistil* mistel, *snegil* schnecke, *felis* fels, *hulis* walddistel, *cuning* könig, *druhting* genosse, *gaduling* landsmann, *helith* mann, *fingar* finger, *morgan* morgen, *metod* geschick, *racud* tempel, *drohtin* herr, *thiodan* herrscher, *thegan* mann, *kuningdôm* köningswürde, *rîkidôm* macht, *wastom* wachsthum, *scherning, helfling* u. a. Fremdwörter: *prêstar* priest, *diubal* teufel, *engil* engel, *biscop* bischof, etc.

Anm. 1. Neben *rûslos* fett Fr. findet sich *hrûsli* im Prud. — *gafal* gabel hat (Oxf. gl.) einen dat. sg. *gaflie*. *Craft* fem. *i*-st. flectiert im dat. sg. einige male wie ein *a*-st. und hat masc. genus. vgl. § 185 anm. Viele alte *u*-stämme wie *dôđ* tod, *hungar* hunger u. a. zeigen nur ausgänge der *a*-declination. s. § 188, 191.

Anm. 2. Von vielen wörtern ist nur durch vergleichung zu entscheiden, ob sie masc. oder neutr. gen. sind.

Anm. 3. Die wörter auf *al, ar, an* haben das *a* nur im n. s., *gisal, fugal, nebal*, (Lammspr. gl. *gisl*, Mon. *wesl*.) in den cas. obliq. finden sich aber formen mit *a, e*, und syncopirte formen, worüber s. § 69—73, neben *thiodne* in C und M *thiodene* und *thiodane, theodone, morgno* und *morgano* (C), *accaro*. Der secundäre vocal zeigt sich in der flexion bisweilen in C: 1096 *berage*, 3164, 5534 *berege*, sonst *berge* wie in M. In den andern denkm. nur im Ess. Evang. *vuunderes* (gen. sg. n.).

§ 159. Männliche eigennamen declinieren wie *dag*. Nur fin-

§ 160—163. *a*-stämme, neutra; *ja*-stämme.

det sich einige mal neben der regelmässigen endung eine accusativendung -*an*, -*en* und *e*: *Jacob óðran, Simon Pêtrusen* M. *Pêtruse* C, *Satanasan*.

§ 160. Nach *word* declinieren die langsilbigen neutra: *barn* kind, *blód* blut, *hrót* russ, *hros* hers pferd, *land* land, *wíf* weib, etc. *aldar* alter, *mahal* gericht, *bócan* zeichen; *beckin* cantharus, *cleuuin* knäuel, *bundilin* bündel, *scipilin* schifflein, *gether* euter (nur im d. pl. *getherun* mammae Oxf. gl.), *ferah* s. § 192.

Anm. 1. Die wörter auf *al*, *as*, *an*, *id* weisen kein *a* in den cas. obliq. auf, (s. § 69—73): *silubre, aldre, cnósle, mahle, bócne, tékne, hóbde* (C) *hófde* (M) u. s. w. (Prud. gl. *gurdisla* d. s. kan auch *ja* st. sein.)

Wie *graf* haben *u* im n. a. plur. die kurzsilbigen: *aldarlagu, bladu, dalu, doru* (C *duru*), *fatu, jártalu, holmclibu, hóhgisetu, skapu, giscepu, gitalu, skipu*. In den kleineren denkm. auch die mehrsilbigen Prud. *nótilu* vieh und F. H. *ofligeso* abgaben.

§ 161. Die pluralformen auf *ir* finden sich im as. nur in den gen. plur. *eiero* und *hónero*. Von *lamb* und *kind* begegnet n. a. pl. *lamb, kind*.

b) *ja*-stämme.

§ 162. Paradigmata: masculina mit kurzer stammsilbe und mit langer silbe haben die selbe flexion: *hirdi* hirte; neutra mit ursprünglich kurzer stammsilbe: *kunni* geschlecht, *net* netz; mit langer silbe: *ríki* reich.

	masc.		neutra.	
N. A. Sg.	hirdi	kunni	net	ríki
G.	hirdies, -eas, -es	kunnies -eas	netties -eas	ríkies, -eas
D.	hirdie, -ea	kunnie, -ea, -e		ríkie, -ea, -e
J.	hirdiu, -ie	kunniu		ríkiu
Pl. N. A.	hirdios	kunni	netti, nettiu	ríki
G.	hirdio, -eo	kunnio		ríkio
D.	hirdiun, -ion	kunniun, -ion		ríkiun, -ion

§ 163. Kurzsilbige masculine *ja*-stämme sind nur: *heri* menge, *swiri* geschwisterkind; *segg* mann flectiert im plur. wie die masc. *i*-stämme. Langsilbige wie *altari* altar, *endi* ende, *furni* plötze, *carcari* carcer, *máki* schwert, *solari* söller, *wecke* cuneus declinieren wie *hirdi*; so auch die nomina auf -*ari*, *eri*: *dôperi* taufer, *driogiri* betrüger, *fiscari* fischer, *gardari* gürtner, *muniteri* geldwechsler; in den klein. denkm.: Ps. pred. *hélire*, Prud. gl.

bedari beter, *biscermiri* patron, *dragari* träger, *euanhloteri* genosse, *fremmeri* thäter, *caclereri*, *costarari* küster, *meldari* bürge, *sôcneri* eincassirer; Lind. gl. *luginari* lügner, *sceldari*, Ess. gl. *bôkeri* schreiber, *leimbilidari* topfbäcker, Oxf. gl. *dûkire* (g. s. *dûkiras*) taucher; Freck. H. *bathere* bader, *muleniri* müller, *kietelare* kesselmacher etc.

Anm. 1. Formen auf *as*, *es* statt *ies*, so wie *a*, *e* statt *ie* finden sich in Ess. gl. *leimbilidares* (eine hochd. wortform), Oxf. gl. *dûkiras* F. *bakera*, *bathere*, *hûdere*; in C öfters: *gisithe* (802, 5855 etc.) auch dat. pl. ohne *i*: Freck. H. *batheron*, *muleniron*, *kietelaren* etc.

Im Heliand hat *fiteri* nur in M 4918, 4928, 5266 die endung *iun* im dat. pl.; sonst wird immer wie in C der *a*-stamm *feteros* gebraucht.

Anm. 2. Die länge des *a* in *ari* ist nicht gesichert; kurzer vocal in *ari* scheint ziemlich häufig zu sein, da *e* und *i* sich in vielen wörtern, und schon im Heliand, finden.

Anm. 3. *Heri*, volksmenge, ist in M meist masc. in C meist fem., der dativ ist fem. in MC; C 5413 n. pl. n. *thiu heri Judeono*, vgl. dagegen Beitr, XII, 349, XIII, 375.

§ 164. Wie *kunni* gehen die meisten urspr. kurzsilbigen neutra, im Heliand *mutspelli* weltuntergang, *kinni* kinn, *lilli* lilium, *frî*, frau, *godobeddi* bette, *weddi* pignus, Ess. gl. *giwitti* geist. Oxf. gl. *hindbiri* himbeere, Strassb. gl. *bli* farbe, Fr. H. *muddi*.

Nach *net* gehen: Hêliand: *bed* bette, *gewit* geist, *firiwit* geist, *bil* axt, *flet* haus, *inwid* neid, *gimet* mass; Oxf. gl. *bedd*. Ob von g. pl. *wiggeo* pferd C M 389 der u. s. *wigg* oder *wiggi* lautete, ist unsicher, ebenso ob es *webbi* oder *web* hiess.

Anm. Neben *kunni* findet sich *kuni* (M 2655, C M 4469), neben *inwiddies* in C *inwideas* in M.

§ 165. Wie *rîki* gehen die neutra mit langer stammsilbe: *wîti* strafe, *crûci* kreuz, *erbi* erbe, Strassb. gl. *wâdi* kleid, Oxf. gl. *stehli* etc; — die mehrsilbigen *aðali* adel, *andwordi* antwort, *arabêdi* mühsal, *armôdi* elend, *dôpisli* taufe, *hrêncurni* korn, *hiwiski* familia, *biliði* bild; Ess. gl. *gisustrithi* geschwister; Prud. *tanstuthli* gebiss; Oxf. gl. *midgarni* nierenfett, *semithai* carectum, Pud. gl. *thâi*, (*thâhi*) fictile, etc. — die mit praefix *gi* gebildeten collectiva: *gigenqi* termin, *girâdi* vorteil, *gisiði* gesellschaft, *gistriuni* schatz, *giwâdi* gewand; Greg. gl. *giwihti* gewicht; Ess. gl. *gifildi* gefilde; Oxf. gl. *imûthi* ostium, *giwicge* trivia; Beichte *gistridi* streit, *gitidi*; Homilie *githingi* fürsprache.

§ 166. *wa*-stämme. **§ 167, 168.** ô-stämme. 59

Anm. *Hôi* heu hat Prud. 56a gen. s. *hôgias*; *gisithi* hat instr. sg. M 3709 *gesiđu*, C 3709, 4840 *gisithu* so auch in C öfters die dativ endung -*e* (802, 5855), -*a* in *gisitha* C 334 M 2296, C hat im genitiv *gisithes* (652, 4977) M 4977, 4988. Wohl durch verwechslung mit *gisiđ* genosse.

c) *wa*-stämme.

§ 166. Paradigmata: masc. *snêo* schnee, neutr. *balu* verderben.

Sg. N. A. snêu, snêo   balu
    G. snêwes   baluwes, balowes
    D. snêwe, -a   baluwe

Vom plural sind nur einige casus belegt: *knio* knie acc. sg. oder plur., *bû* haus acc. pl., *kneohon* dat. pl., *bewo* gen. pl. Masculina sind: *hlêo*, grab, *hlea* obdach. Neutra: *beo* (gen. pl. *bewo*) ernte, *bû* wohnung, *horu* kot, *knio*, *kneo* knie, *trio*, *treo* baum, *spriu* (Prud.) spreu, *tou* (Crec. 4a) stuppa, *thau* sitte. In Prud. und Freck. H. haben *melas* und *smeras* (g. s.) mehl, schmeer, das *w* verloren.

Wie *snêu* declinieren auch *êo* m. gesetz und *sêo* m. see, welche ursprünglich zu den *i*-stämmen gehörten.

2. Die ô-declination.

§ 167. Die ô-declination (indogerm. â-decl.) enthält nur feminina, welche sich in reine ô-stämme, *jô*-stämme und *wô*-stämme scheiden. Theils mit dieser declination teils mit der *i*-declination stehen in enger beziehung die feminina auf *i*, welche hierbei ihren platz finden mögen.

a) Reine ô-stämme.

§ 168. Paradigma: *geba* gabe.

Sg. N. A. geƀa, -e   Pl. N. A. geƀa
    G. geƀa, -e, -u,   G. geƀono, geƀo
    D. geƀu, -o, -a, -e   D. geƀun, -on

Anm. 1. Vom alten nominativ-ausgang der bei den kurzsilbigen -*u*, bei den langsilbigen verlust des endvocals zeigen würde, finden sich im as. keine spuren mehr; der ausgang des acc. sg. ist der herrschende geworden; nur *thioda* hat neben sich *thiod*, dessen acc. aber dem n. sg. ähnlich geworden ist; doch begegnet auch ein dat sg. *thiedi* C 4493 der auf einen *i*-stamm *thiod* weist. Als acc. sg. mit nominativ-form findet sich im Heliand *half*.

Bisweilen findet sich im Mon. sowie in den Oxf. gl. ein nom. acc. auf *e*.

Anm. 2. Auch im gen. findet sich *e* z. b. *cledthe* Oxf. gl., *claye* Mers.

gl.; wahrscheinlich war das *a* nicht mehr lang. Einige male finden sich
genitive auf *u*: 566 *crďu*, 2752 *bedu*, wohl durch vertauschung mit dem
dativausgang entstanden.

Anm. 3. Für *u* im dat. sg. zeigt zich im Hel. *o* und *a*, letzteres wohl
aus dem gen. übernommen: *thiodu, thiodo* und *thioda*; in der Ps. pred.
o: forhto. Oxf. gl. *u* und *e furke, wardu*; Ess. Evang. *u* und *a*; *treda,
gitalu*; Hom. und Freck. H. nur *a*; Beichte *u*, Strassb. gl. *e* und *a*; Ess.
Heb. *o: misso*. Ohne ausgang Strassb. gl. *an thero wis*.

Anm. 4. Der n. a. pl. hat nur in den Oxf. gl. einige mal *e* statt *a*:
ſicbâne lupine, *nuoe* (*hnôc*) rima, aber auch *latta* tigna.

Anm. 5. Die kürzere form des gen. pl. auf *-o* findet sich einige mal
im Heliand in *thiado, gebo* neben *thiadono* und *gebono*; auch in Ess.
u. Fr. H, in *erito*, Prud. *harmscaro*, sonst *-ono*.

Anm. 6. Das alte *ôm* des dat. pl. hat sich zu *on* gekürzt, wofür besonders im M. öfter *un*. In den andern denkm. *on*, nur in Ess. gl. *stangun* und *an* in Fr. H. *hovan*, Strassb. gl. *papillan*.

§ 169. Wie *geba* gehen u. a. *bâra* bahre, *beda* bitte, *bôta*
besserung, *ertha* erde, *êra* ehre, *folda* erde, *frêsa* schaden,
frôbra trost, *harmscara* strafe, *hrôra* bewegung, *mêda* lohn,
nahtigala nachtigal, etc. — subst. auf *iďa*: *diuritha* (*diurďa*)
ehre, *hônďa* schande, *mâriďa* kunde, *sâlďa* glücksaligkeit —
Prud. *fûhtitha* feuchtigkeit, *gibâritha* aussehen, *gisetitha* überlieferung *cûskitha* reinheit; Ess. gl. *gisetitha, hêritha* würde; —
auf *rêde*: *scaperêde* gestell, *branderêde* brandblock; — auf
unga: *ebbiunga* ebbe, *erbarmunga* mitleid, *clapunga* knirschung,
costunga verlockung, *rihtunga* richtung; — auf *na*: *firina* frevel, *logna* flamme, u. s. w.

Anm. 1. Da die feminina dieser klasse mit den schwachen fem. den
nom. sg. und gen. dat. pl. gemeinsam haben, tritt vielfach vermischung
beider klassen ein. So zeigen sich *n*-formen bei *ertha, leia, lêra, seola,
sprâka* und *wisa*. Oxf. gl. *rinda* rinde kann auch schw. f. sein.

b) *jô*-stämme.

§ 170. Paradigma *sundea* sünde.

    Sg. N. sundie, ia
       G. sundia
       D. sundiu, ia
       A. sundia

    Pl. N. A. sundia
       G. sundiono
       D. sundion

Anm. 1. Der nom. sg. der ursprünglich kurzsilbigen kann wie im ags. ohne ausgang gewesen sein, und durch diesen nom. sg. ist der acc. sg. *hell* erklärlich, welche form C 3605 C M 3388 auch für den dativ gebraucht wird. Sonst folgen diese nomina der flexion der langsilbigen. Von kurzsilbigen *jô*-stämmen findet sich ausser *heri* im Heliand nur in Prud. glossen ein nom. sg. *rethi*, ac. s. *reðia*, d. s. *rethiu* (Hel.).

Anm. 2. Formen mit *ie* im gen. dat. sg. und nom. pl. finden sich nur in M und Oxf. gl.

§ 171. Kurzsilbige *jô*-stämme sind: *heri* heer und *rethi* rede. Langsilbige sind: *eggia* schwert, *sibbia* sippe, *sunnea* wahrheit, *wunnia* wonne, *huttia* hütte (Ess. gl. ac. pl.), *blidsea, palencea, skédia* scheide, *spuncia, minnea* liebe, *wilgia, stafslengrie* balista, *fiuchtie* fichte, *furie* (*furhea*) föhre, *hônithia* (Oxf. gl.) schande; *stemnie* hat neben sich *stemna* und wird C 24, 3910 4097 auch wie ein *n*-stamm decliniert. In Prud. gl. werden schw. decliniert: *gerdia* gerte und *kierzia* kerze, n. pl. *gerdiun* vimina, *kierziun* cereos. Im Hel. sind auch *cribbia, uðia* u. a. *ian*-stämme geworden: auch *hellia* hat C 5429 gn. sg. *helliun*.

Anm. *heri* und *hell* sind musc. und fem., *hellia* nur femin. s. § 163 anm. 3.

§ 172. Zu dieser declination gehören auch die mit dem ableitungssuffix *innjô* (*-unnjô*) gebildeten feminina. Im nom. sg. *himakirin* leno, *wurgarin* strangulatrix; acc. sg. *fastunnea* vasten, *wôstunnea* wüste *wuostennia* (C) *wôstunnie* (M), *henginna* das hängen; dat. sg. *fastunniu, wôstinniu, wôstunni* (M) *wôstunnia* (C) *wôstinnia* (C), *henginnia, henginna;* dat. pl. *burthinnion* bündel.

Anm. Ob *lungandian* dat. pl. pulmone (Oxf. gl.) schwach ist oder hierher gehört ist unsicher.

§ 173. Die feminina mit *-nissa, -nussia, -nussi*, später *nesse*, gehören zum theil hierzu, zum grössten teil folgen sie der flexion der femin. auf *i*.

Hierher: Beichte *héthinussea*, Mon. *gôdliknissea*, wahscheinlich auch Greg. gl. *rehtnesse*, a. s. *garehtnesse*, Prud. gl. d. pl. *dôgalnussion* und Greg. gl. gen. pl. *dâgolnusse*.

c) *wô*-stämme.

§ 174. Die *wô*-stämme sind nur unvollkommen zu erkennen, da sich nur wenige flexionsformen finden.

§ 174. *wó*-stämme. § 175, 176. feminina auf urspr. î.

Von *fratoa* (wie ags. *frætve* nur plural) zierrath ist gen. pl. *fratoo, fratoho*, dat. pl. *fratoon, fratohon, fratahun* überliefert. Got. *gaidw* (neutr.) im Hel. *metigédeono* hungersnoth fem. gen. pl.; *selitha* haus, dat. sg. *selðo*, acc. pl. *seliða* (C *selða*), dat. pl. *seliðun*; n. a. pl. *treuwa* treue, d. pl. *treuwun*, gen. pl. *treuwono*; *thiwa* dienerin hat nom. sg. *thiuu, thiu* (C *thiwi*), daneben schwache biegung; *wahta* wache dat. sg. *wahtu* und *wahtun*; *thrâ* (ahd. *drawa*, ags. *ðrea*) drohung nur im compos. *thrâwerk* leid.

d) feminina auf i.

§ 175. Die adjectivabstracta, welche im got. der *n*-declination angehören und die nomina actionis, welche im got. als nom.-suffix *eins* (*i*-decl.) haben, sind im westgermanischen zusammengefallen.

Paradigma: *huldi* huld.

    Sg. N. A. huldi   Pl. N. A. huldi
      G. huldi   G. huldi, io
      D. huldi   D. huldion

Anm. 1. Der nom. sg. *blindia* statt *blindi* findet sich einmal in M.

Anm. 2. Den dat. ausgang -*e* haben nur Mon. 3037, 3140, 4312, -*o* nur in Cott. 10 *menigo*, -*iu* M 194, C 4312 *eldiu, finistriu*.

Anm. 3. Von dem nom. acc. pl. ist kein beispiel da; der gen. plur. *i* findet sich Fr. II. 553 *bandi*, im Heliand *huldio* C, *huldeo* M.

Anm. 4. Der dat. pl. erscheint nicht im Heliand; Beichte *huldion*, Prud. *dôgalnussion* haben den ausgang der *jô*-stämme.

Anm. 4. Ob das *i*, das ursprünglich, ausser im nom. sg., in allen casus lang war, noch als lang im as. anzusetzen sei, ist fraglich, da sich schon wechsel mit *e* findet. Daneben aber im Prud. doppelschreibung in *ênstridii* obstinatio. Die Prud. gl., Oxf. gl., Ess. gl., Freck. II., Beichte, Psalmpred. und Homilie weisen keine ausgänge mit *e* auf.

§ 176. Dieser flexion folgen a) die adjectivabstracta *blindi* blindheit, *blôdi* blöde, *diupi* tiefe, *eldi* alter, *finistri* finsterniss, *gôdi* (Ess. gl. *guldi*) güte, *gremi* bosheit, *hêli* gesundheit, *huldi* huld, *liubi* liebe, *meginstrengi* (M-*strengiu*) kraft, *menigi* menge, *menniski* menscheit, *sinscôni* ewige schönheit.

b) Die verbalabstracta: *dôpi* taufe, *fehugiri* habgier, *hrôri* bewegung, *ênstridi* obstinatio.

c) Die wörter auf *-nissi -nussi*: *efnissi* ebene, *dâgolnussi* schlupfwinkel, *godliknissi* (C) herrlichkeit, *giliknissi* bild, *idalnussi* eitelkeit, *farlegarnessi* ehebruch, *grimnussi* bosheit, *garehtnesse* gerechtigkeit, *unsúvarnussi* verunreinigung.

Anm. *meginstrengiu* M 4354 ist wahrscheinlich schreibfehler, da das wort zwischen zwei *thiu* in der mitte steht.

3. Die *i*-declination.

§ 177. Die *i*-declination enthält masculina, feminina und neutra. Die masculina, feminina und neutra mit kurzer wurzelsilbe gehen im nom. sg. auf *i* aus. Der nom. sg. aller langsilbigen endet consonantisch.

a) Kurzsilbige.

1) Masculina.

§ 178. Paradigma: *hugi* sinn.

Sg. N. A. hugi   Pl. N. hugi, -ios
    G. huges, -ies   G. hugio
    D. hugi, -e, -ie, -ea   D. hugiun, -ion
    I. hugiu, -i   A. hugi

Anm. 1. Die formen der suffixe des dat. sg. *ie*, *ea*, dat. pl. *iun*, *ion* und nom. pl. *ios* sind von den *a*-stämmen übernommen.

Hiernach gehen: *biti* biss, *hardburi* obrigkeit, *gruri* schreck, *heti* feindschaft, *cumi* kunft (oder fem.), *meti* speise, *missiburi* fortuna, *quidi* sprache, *seli* gemach, *slegi* tödtung, *wini* freund, *wliti* glanz; Prud. *órslegi* ohrfeige, *stiki* stich, *thili* (oder f.) pulpita, *fluti* liquor; Ps. pred. *selfkuri* wahl, Ess. gl. *bruki*, *scissura* Strsb. gl. *anfluzi* anschwellung. — *Segg*, ursprünglich *ia*-stam, folgt dieser flexion in nom. plur. *seggi*.

Anm. 2. *Hugi* war ursprünglich *u*-stam, *heti* hatte ursprünglich neutrales genus: got. *hatiz*.

2) Feminina.

§ 179. Paradigma: *stedi* stätte.

Sg. N. G. D. A. stedi
Pl. N. A. stedi
    D. stedion

Anm. 1. Statt dativ sg. ausgang *-i stedi*, *stidi* (Fr. Heb.) findet sich im 11. jh ein dat. *stidiu* (Juv. 2,15) nach den *ja*-stämmen.

Anm. 2. Der gen. pl. ist nicht belegt; der dat. pl. nur durch *snarion* Prud. gl.

§ 180. *i*-stämme, neutra. § 181 compos auf. *scipi*. § 182 langsylb. masc.

Zu dieser flexion gehören: *ewi* lamm, *hôbidstedi* hauptstadt, *côpstedi*, *thingstedi* gerichtstätte, *winstedi*, *hûsstedi* hausplatz, *meri* meer, *snari* saite.

Anm. *meri* war ursprünglich neutrum.

3) Neutra.

§ 180. Die hierher gehörigen neutra sind: *halsmeni* halszierrat ac. s., *urlogi* schicksal (C), *urlagi* (M), g. s. *orlages* (C), *orlegas* (M) und *aldarlagi*: acc. pl. *aldarlagu*, g. pl. *aldarlagio* (C), *aldarlago* (M).

4) Die composita auf *-scipi*, *-scepi*.

	Masculina.			Neutra.	
	Monac.	Cotton.	Mon.	Cott.	
§ 181. Sg. N. A.	-skepi	-scepi -scipi	-scepi	-scepi, -scipi, -scip	
G.	-skepies	-scipes -scipies	scepies	scipes, scipies, scipi	
D.	-skepi, -ie	-scipie	scepi, -ie,- ea	scepe, scepie scepi, scipi, scipie]	
I.	-skepi		-scipiu	scepi	scipiu

D. Pl. skepiun wofür dat. sg. in C.

Anm. 1. Gen. sg. *gibodscipi* (C 2660) ist wahrscheinlich schreibfehler. Anm. 2. Ess. gl. haben n. sg. *gisithscepi* gen. sg. *heriscepias*, dat. sg. *giwitscepia*, Prud. gl. n. sg. *sclscipi* sodalitas, Beichte d. s. *giwitscipia*.

Masculina sind: *ambahtscepi* dienst, *bedscepi* beilager, *brôðerscipi* bruderschaft, *druhtscepi* herrschaft, *friundscepi* freundschaft, *theganscepi* jüngerschaft, *werdscepi* mahl.

Neutra sind: *folcscepi* volk, *gumscipi* volk, *heriscepi* volk, *gebodscipi* gebot, *landscepi* landschaft, *giwitscipi* zeigniss.

Unsicher: *bodskepi* botschaft, *erlscipi* leute, *fiondscepi* feindschaft, *liudscepi* leute, *mâgscepi* verwandtschaft, *iungarscepi* dienst, *niðscepi* hass, *gisiðscepi* gesellschaft, *selscipi* sodalitas.

b) Langsilbige.

1) Masculina.

§ 182. Paradigma *wurm* wurm.

Sg. N. A. wurm Pl. wurmi
G. wurmes wurmio, -o
D. wurme wurmin, -iun, -ion, -on, -un

Anm. Dat. sg. -*e* in Oxf. gl. *brande*, C 623 *crafte*, *a* in *crafta* M 623, 2596, C *craftu*; dat. pl. -*on* in Prud. *ôrslecon*, *un* in Oxf. gl.

hóuun calcibus: die übrigen formen im Heliand: -*in* findet sich nur in C *liudin, trahnin* 5034, 5922. Die form -*im* ist verloren; *liudim,* wie Heyne angiebt, besteht nicht, die hs. hat *liudun* C 1277.

§ 183. Wie *wurm* gehen: *brand* torris, *eldi* menschen, *fruht* frucht, *gast* gast, *gund* pus, *hóf,* calx, *liudi* leute, *mahti* genitalia, *rôc* rauch, *rûk* odor, *tins* zins, *tîr* ruhm, *trahni* tränen, *wîk* wohnung, *erðon wâgi* terrae motus, *thermi* exta. *Wiht* ist masc. wenn es geist oder dämon, bedeutet (nur im plural), sonst neutr. s. § 186. *Craft* und *werold* werden einige male mit masc. genus gefunden.

2) Feminina.

§ 184. Paradigma *anst* gunst.

Sg. N. A. anst Pl. N. A. ensti, -e
   G. anstes, -i, -ies, -eas   G. enstio, -o, -i
   D. ansti, -e, -iu   D. enstiun, -iom, -ion, -on, -un
   I. anstu, -o.

Anm. 1. Der gen. sg. -*i*, -*ies*, -*eas* findet sich nur an einigen stellen im Heliand, -*i* in Segen I, 5 *spurihelti*; häufig im Hel. und den andern denkmälern ist -*es*. C 4182 hat gen. sg. ohne ausgang: *tid* (M. *tîdis*).

Anm. 2. Die übliche form des dativs ist i: *giburdi, ferdi, nôdi, giweldi, ensti, crafti;* daneben *e: giwalde, erde, dâde* wahrscheinlich beeinflusst vom masc. da u. a. *craft* und *werold* masc. und fem. sind.. Die aus den *iô*-stämmen übertragene form -*iu* findet sich nur in M: *brûdiu,* (wie *idisiu* s. § 203) C *brûdi, idisi*. Ein dativ ohne ausgang wie bei den cons. stämmen ist ziemlich häufig im Heliand (11 mal in C, 18 mal in M) und in der Freck. Heb. in *maht, gewald, craft, werold, winvard* u. a.

Anm. 3. Die form des instr. auf -*o* bietet M, 4874, sonst.·-*u.* C 3032 hat *crafte,* wo M *craftu.*

Anm. 4. *Werold* hat in C 597 einen acc. auf -*i: obar thesa weroldi* (M *werold*); wahrscheinlich ein schreibfehler.

Anm. 5. Der nom. plur. -*e* findet sich in Kindlingers hs. der Freck. Heb. *sculde;* sonst überall -*i.*

Anm. 6. Der gen. plur. hat meist -*io, -eo;* -*o* 3 mal in C, einmal in M; *i* zweimal in C; -*iu* einmal in M; -*ia* einmal Mers. gl. *selfëdia.*

Anm. 7. M hat meist -*iun* im dat. pl., C -*ion*; vereinzelte formen sind: *mahtiom* C 3349, *dâdon* C 2966 beide in C.

§ 185. Dieser flexion folgen: *ambusn* gebot, *arbêd* mühsal, *brûd* braut, *burd* last, *giburd* geburt, *dâd* that, *fard* weg, *hanocrâd* hahnenschrei, *gehugd* verstand, *hlust* ohr, *iuguth* jugend, *craft* kraft, *cunst* vermögen, *cust* (§ 191) wahl, *list* list, *luft* (§ 191) luft, *maht* macht, *ginist* erlösung, *nôd* not, *gisiun*, *siun* gesicht, *giscaft* bestimmung, *sculd* schuld, *suht* krankheit, *tîd* zeit, *githâht* gedanken, *thionost* dienst, *githuld* geduld, *thurft* notwendigkeit, *abunst* misgunst, *ûst* sturmwind, *giwald* gewald, *werold* welt, *giwunst* gewinn, *wurht* that, *wurt* kraut, *wurth* geschick; — *âthumtuht* athemzug, *bigraft* grab, *biniwurt* bienenkraut, *brûdloht* heirath, *drâni* (n. pl.) drohne, *faled* kuhstall, *first* giebel, *fullêst* beistand, *gisiht* gesicht, *gispanst* verlockung, *hettarwurt* giftwurz, *hûd* haut, *hurth* hürde, *mundburd* schutz, *nôdthurft* nothdurft, *obulht* wut, *spurihalt* lahmheit, *stafwurt* stabwurz, *tuht* zucht, *thurslaht* durchschlag, *undarfard* unterbrechung, *unkust* hinterlist, *wînfard* weinreise.

Anm. Männl. sind auch *werold* und *craft*: z. b C 5622, 5629 *thesan widun werold*, C M 1973 M 3071

éo ist wie auch *sêo* zu den masc. a-stämmen übergegangen.

Neben *drâni* finden sich mit *n*-formen: Oxf. gl. *drênon, drênan* fucos vom nom. sg. *drâna* fucus.

gikrund M 2477 ist wahrscheinlich verschrieben für *gikund* (ags. *gecynd*).

c) Neutra.

§ 186. Obwohl ursprüngliche neutra fehlen, giebt es einige neutr. *i*-stämme, welche urspr. ein anderes geschlecht hatten: *thionost* ist fem. in C, neutr. in M 2906. *wiht* (got. *waihts* fem.) ist masc als nom. pl. geist, dämon; neutr. in der bedeutung »ding", »etwas", und in compos. *eowiht, neowiht*.

Anm. Hel. 2477 C liest *gegrund* (wo M *gikrund* hat), dieses *gegrund* ist dasselbe wie ags. *gegrynd* grundstück, hier aber unzulässig, da es gegen die alliteration verstösst. Vgl. § 185 anm.

4. Die *u*-declination.

§ 187. Nur in wenigen formen ist die alte *u*-flexion geblieben. Die meisten langsilbigen nomina sind zu den *a*-stämmen übergetreten, einige femimina zu den *i*-stämmen, andere zeigen beide formen. Die kurzsilbigen masc. und neutra haben die alte flexion am meisten bewahrt.

a) Masculina.

§ 188. Langsilbige, welche der flexion der *a*-stämme folgen, sind: *dôð* tod, *feld* feld, *flôd* flut, *hêd* geistlicher stand, *hungar* hunger, *kuss* kuss, *scild* schild, *sumar* sommer, *thorn* dorn, *wêg* mauer, *wintar* winter, *wird* (*werd* Prud.) wirt. *Wald* hat *i*-formen im collectiv: d. s. M *sinweldi* C *sinweldie*, sonst formen der *a*-declination: g. s. *waldes*, n. pl. M *waldas* C *waldos*; *ẽr* bote hat nom. pl. *ẽri*; *scild* d. pl. *scildion*.

§ 189. Die kurzsilbigen haben die flexion wie *sunu* sohn.

  Sg. N. A. sunu, -o   Pl. N. A. suni
   G. sunies, -eas   G. sunio, -u, -o
   D. suno, -u, i, ie   D. sunion, -on

Anm. Der nom. sg. auf -*u* erscheint meist im Monac., zweimal im Cott.; -*o* meist in C und Taufgel.; dat. sg. *sunu* in M, *suno* in C einmal.

Die kurzsilbigen nomina sind: *friđu* frieden, *lidu* glied, *magu* sohn, *sidu* sitte, *skado* schatten, *sunu* sohn.

Anm. *liđu* hat auch acc. sg. *liđ* (C M 1488), *magu* hat nom. pl. *megi*.

b) Feminina.

§ 190. Kurzsilbig ist nur *duru* tür, belegt im compositum *duruwarderi* (Prud.), Der nom. pl. C *duru* (M *doru*), dat. pl. *durun*, (*dorun*) können zum neutrum *dor* gehören.

§ 191. Paradigma der langsilbigen: *hand*.

  Sg. N. A. hand   Plur. N. A. hendi, handi,
   G. —   G. hando
   D. hendi, hand   D. handun, -on, -an

Von *cust* wahl, *lust* lust, *flód* flut (M 294, CM 4362 C 4010, 4374) *quern* mühle, *luft* luft sind belegt: n. a. *flód*, n. a. *cust*, g. *custes*, d. pl. *custeon*, a. pl. *lusti*, d. pl. *lustun-on* (daneben acc. s. pl. *lusta* C M 1776, M 1661, C 3453 gen. pl. *lustono* Conf. zu *lusta* *n*-stam gehörend) d. pl. *quernon*, n. s. *luft*, d. sg. *lufte*.

Die composita *frevelhêd*, *jugudhêd*, *lefhêd*, *magadhêd*, *wildhêd*, *wârhêd* weisen n. s.-*hêd*, d. sg. *hêdi*, g. s. *hêdas* und *hêdi*, ac. pl. *hêdi* auf. Ebenso zeigen g. s. *ênódies* d. s. *ênódi* einöde und gen. pl. *armódio* einflüsse der *i*-declination.

c) Noutra.

§ 192. Von *fehu* vieh sind belegt: nom. sg. C *fehu* M *feho*, acc. sg. C *fihu* M *feho*, dat. sg. M *feho* C *fehe*, gen. sg. C *fehes* M *fehas*. *lith* getränk: acc. sg. *lith*, gen. sg. *liđes*, gen. pl. *liđo*.

Got. *fairhwus* ist im altsächsischen neutrum und folgt der *a*-declination: nom. acc. sg. *ferah*, *ferh* M *fera* C, gen. sg. *ferhes*, *ferahes*, *ferahas*, dat. sg. *ferhe*, *ferahe*, instr. *ferhu*, *ferahu*.

5. Die n-stämme.

a) Masculina.

§ 193. Paradigma *gumo* **mann.**

Sg.	N. gumo	Plur.	N. A. gumon, -un, -an
	G. gumen, -an- on		G. gumono, -uno
	D. gumen, -an, -on		D. gumon, -un
	A. gumon		

Anm. 1. Im gen. sg. ist *-en* überwiegend in C und M. Den anderen denkm. ist *-on* geläufiger. Nur im Cott. erscheinen die formen des dat. sg. *-en* und *-an*; *-en* ist häufiger als *-on* und *-an*.

Anm. 2. Die *-an*-formen des n. pl. finden sich in den Prud., Oxf. und Strsb. glossen. Für *-ono* des gen. pl. hat die Essener Heberolle *-ano* und *-ino*, C *-ano* und *-uno* in *wârsaguno*, *gumuno*. Der dat. pl. auf *um* erscheint nur im Taufgelöbniss *unholdum*, das aber auch *a*-stamm sein kann. Der Monac. hat überwiegend *-un*, die übrigen denkm. *-on*.

§ 194. Masculine *n*-stämme sind: *abaro* nachkomme, *alowaldo* allmächtiger, *andsaco* feind, *balco* balken, *baluwiso* schlechter führer, *bano* teufel, mörder, *bliksmo* blitz, *blómo* blume, *bodo* bote, *bóggebo*, ringspender, *brosmo* brosamen, *egiso* schrecken, *ècso* eigenthümer, *éndago* todestag, *eosago* schriftgelehrter, *fano* fahne, *feðerhamo* federkleid, *forasago* prophet, *folctogo* herzog, *gardo* garten, *bómgardo* baumgarten, *wîngardo* weingarten, *glîmo* glanz, *gristgrimmo* zähneknirschen, *gumo* mann, *brûdigumo* bräutigam, *helmgistrósteo* krieger, *heritogo* herzog, *hêrro* herr, *hiopo* dornstrauch, *hunno* centurio, *lamo* der lahme, *liomo* stral, *lîchamo* körper, *lotho* oberkleid, *gelóbo* glauben, *gimaco* genosse, *mansterbo* seuche, *mâno* mond, *matho* made, *medgebo* herrscher, *mêngewito* falscher zeuge, *mundboro* schützherr, *nako* nachen, *namo* name, *ordfrumo* schöpfer, *ôdwelo* reichtum, *râdgebo* herrscher, *riomo* (m?) riemen, *sebo* gemüth, *selmo* lager, *sîmo* strick, *skaðo* schädiger, *skîmo* glanz, *skolo* schuldner, *stópo* tritt, *tiono* übeltat, *treulogo* treuebrecher, *twého* zweifel, *wârlogo* lügner, *welo* reichthum, *wiskumo* gewiss kommend. *Herdislo* stärke hat auch die form *herdisli*; nur *-slo* haben *məndislo* freude und in den anderen denkmälern *kinislo* spalte, *errislo* ärger, *râdislo* rätsel. In den Prud. gl. noch *ambo* abdomen, *apo* affe, *volo* füllen, *kolvo* keule, *scrivo* scriba, *scersahso*, *sletto* faunus, *thúmo* daumen,

§ 195, 196. *n*-stämme, feminina.

âventsterro abendstern; — Oxf. gl. *asco* timallus, *bremo* bremse, *mâho* papaver, *besmo* besen, *grimo* muscus, *grimpo* gobio, *rêho* reh, *harmo* migale, *fugulclovo* aucipula, *threlsa* tornarius, *rênivano* wurmkraut, *wrenio* hengst — Strsb. gl. *hûo* uhu, *dodro* dotter, *hornobero* hornisse, *lêmo* lehm, *sâmo* samen, *vivoldro* schmetterling; — Segen: *nesso* wurm; — Conf. *bigihto* beichte, *degmo* zehnte, *gethanko* gedanke, *sespilo* naenia; — Fr. Heb. *havero* haber, *roggo* roggen, *tegatho* zehnte, *salmo* lachs; — Taufgel. *unhuldo* unhold (oder *a*-st.).

Anm. Die flexion von *froho* hat abweichende formen: n. s. *frô fraho*, *frohe*; acc. s. M *frohan*, C *frahon*; d. s. *frohen* C 3513, *frahen* C 2941, *frohan* M 2118, *frahon* C M 2614, M 5157, C 177, 2118, 3997, 5007, *frohon* C 4952, 5157, 5463, *froian* M 3513, *fruinen* M 2941, *fraon* M 177; gen. s. *frohen* C 3022, 5367, 5517, 5733, *frohan* M 1077, 1094, 1607, *frahon* C 931, 1077, 1094, 1667, *frohon* C 109, 5537, 5733, *froian* M 3022, *fraon* M 109, 931; Ess. Ev. *fraon*; der gen. plur. *frôno*, *vrâno* erscheint als adjectiv.

§ 195. Die mit-*jan* gebildeten nomina haben dieselbe flexion. Diese sind: *gibenkio* genosse, *brunnio* quelle (und *brunno*), *lêreo* lehrer, *obarhôbdio* herr, *olbundeo* elefant, *skenkio* schenk, *orkundio* zeuge, *willio* wille, *wrekkio* recke, *wurhtio* arbeiter; — Prud. *antervidio* exhaeres, *foraferdio* vorganger, *sibbio* consanguineus, — Ess. und Lind. gl. *ênseðlio* einsiedler.

b) Feminina.

§ 196. Paradigma *tunga* zunge.

Sg. N. tunga, -e Pl. N. tungun, -on, -an
G. tungun, -on   G. tungono, -uno, -ano
D. tungun, -on   D. tungon, -un
A. tungun, -on, -an A. tungun, -on

Anm. 1. Der nom. sg. auf -*e* findet sich nur einmal im Hel. und einige mal in den Oxf. gl. neben -*a*.

Anm. 2. Der gen. sg. -*on* findet sich nur in der Freck. Ess. Heb. und Homilie.

Anm. 3. Der dat. sg. -*un* findet sich nur im Heliand und in der Beichte; -*on* im Heliand vereinzelt in C und M, ist allen anderen denkm. geläufig, Oxf. gl. auch -*un: slingerun*.

Anm. 4. Der ausgang -*on* des acc. sg. erscheint nur einigemal im Heliand; in Oxf. gl. -*an* und -*on*; Prud. gl. -*on* in *luthon*, sonst -*un*; regel im Hel. und andern denkm. ist -*un*.

Anm. 5. Nom. acc. pl. im Heliand haben -*un*, einmal -*on* in C und in

§ 198. *ian*-stämme. § 199. *n*-stämme, neutra.

M.; sonst *-on*, in Oxf. gl. daneben *-an* in *sumerladan*, Prud. hat *-on* in *thrûfon*, sonst *-un*, wie auch die andern denkmäler.

Anm. 6. Der g. pl. *-uno* begegnet nur in *specuno* neben *specono* (Prud. gl.); *-ano* in Fr. H. *garvano*, Conf. *gchôrithano*.

Anm. 7. Im dat pl. hat M meist *-un*, C *-on*; *-un* in Oxf. gl., in den andern denkm. *-on*.

§ 197. Die fem. *n*-stämme sind: *bâra* (auch dat. s. *bâru* M) bahre, *dûba* taube, *ertha* (auch *ô*-decl.) erde, *fakla* fackel, *fasta* fasten, *gimêntha* gemeinschaft, *hiwa* gattin, *merigrita* perle, *porta* thür, *quena* weib, *scâla* schale, *strâta* strasse, *sunna* (auch ac. sg. *sunna*) sonne, *tunga* zunge, *thiorna* jungfrau, *thiwa* magd, *widowa* wittwe, *wordhelpa* fürbitte, *wunda* wunde; — in den kleinern denkmälern: *abdisca* äbtissin, *blâsa* blase, *bôke* buche, *egitha* egge, *egithassa* eidechse, *velga* biegung, *fiurpanne* feuerpfanne, *fethera* feder, *frûa* frau, *garva* garbe, *gersta* gerste, *gimehlida* weib, *helte* griff, *hosa* hose, *kerika* kirche, *côpa* kauf, *krâia* krähe, *crampa* haken, *crûka* krug, *sumerlada* zweig, *luthara* kinderzeug, lohn, *muggia* mücke, *nestila* binde, *pâscha* ostern, *pinkoston* pfingsten, *scâla* schale, *scatha* schaden, *slengira* schleuder, *sola* sohle, *spada* spaten, *speca* speiche, *spenula* stecknadel, *spinnila* spindel, *swala* schwalbe, *swerdolla* gladiolus, *thistilcarda* distel, *thrûfa* traube, *warta* warze.

§ 198. *ian*-stämme sind: *agastria* elster, *bremmia* bremse, *bruggia* brücke, *brunnia* harnisch, *gerdia* gerte, *griusnia*, krümmchen, *kierzea* kerze, *cribbia* kribbe, *leccio* lectio, *lindia* und *linda* linde, *lungandiun* lunge Oxf. gl., *muggia* mücke, *stemnia* und *stemna* stimme, *sundia* sünde, *ûðia* woge.

Anm. 1. Ueber berührungen mit den *ô*-stämmen bei *wahta*, *sundia* u. a. s. § 169. Anm. § 170 und 171.

Anm. 2. Schwach war wahrscheinlich auch *strengia* kraft neben *strengi*.

c) **Neutra.**

§ 199. Die neutr. *n*-stämme sind: *herta* herz, *ôga* auge, *ôra* ohr und der plur. *sinhîwun* ehegatten.

n. sg. *herta*, *ôra* C *ôre* M; acc. sg. *herta* C M, *herte* M; d. s. *herten* C, *herton*, *hertan* M; n. a. pl. *ôgun* C M, *ôgon* M (1) C (1), *sinhiun*; d. pl. *ôgon*, *ôgun*, *ôron*, *ôrun*.

6. Kleinere declinationsklassen.

1) Stämme auf -r.

§ 200. Die verwantschaftsnamen auf -r: *fader, bróther, gibróther, dohter, móder, swester, giswester* declinieren folgendermassen.

Sg. N. A. V. fader, -ar bróther, -ar   dohter, -er, -ar móder, -er, -ar
    G.   fader   bróther   —   —
    D.   fader, -ar bróther   dohter   móder, -er, -ar
Pl. N. A.   fader   gibròther, -ar   dohter   móder, -ar
                                                          giswester, swestar.
    D.   —   gibróthrun -on   —   swestron.

Anm. 1. *fadar, bróthar* n. a. s. erscheint neben *fader* nur in M und Conf.; d. s. *fadar* nur Conf. 1.; n. a. pl. *bróthar* in M und Conf.; d. pl. *bruothron* nur in C.

Anm. 2. *muodar, dohtor* nur in C, die anderen formen in C, M und Conf.; der n. pl. *módar* nur in M, *swestar* in Conf.

2) Stämme auf -nd.

§ 201. Die participia praesentis mit consonantischer flexion haben, ausgenommen im dativ und gen. sg., ihre alte flexion bewahrt. Der gen. und dativ zeigen übergang zu den a-stämmen so wie auch nom. u. gen. plur. in einigen substantiven: *wîgand*, n. pl. *wîgandos*.

Paradigma: *friund* freund.

Sg. N. A. friund   Pl. N. A. friund
    G.   friundes   G.   friundo
    (G.   friunde, i--a   D.   friundun, -on.

Anm. d. s. *waldanda* 3 mal in M, *waldandi* C 260; g. s. *neriandas* M 520; 1144 schwacher gen. C *thes neriendien*, M *neriandan*. Einen nom. pl. gen. pl. ausgang -ero haben *berand, hatand, hêleand, lêreand, neriand*.

Hierzu gehören: *fiund, friund, berand, hêleand, lêreand, neriand, waldand, wâglið́und*. Nur im g. s. erscheint *unquethandes*. Von *alowaldand, wâpanberand* erscheint ein n. a. sg. *alowaldan, wâpanberan* (meist am ende der zeile).

3) Vereinzelte consonantische stämme.

a) Masculina.

§ 202. Die flexion der masculina der consonantischen declination kann nicht genau bestimmt werden, da nur einige casus vorhanden sind.

1) Von *alah* tempel: n. a. s. *alah*, d. s. *alahe*, *-a*.
Fôt fuss: acc. pl. *fóti*, d. pl. *fótun, fóton*, g. pl. *fóto*.
Tand zahn: d. pl. *tandon*.
Anm. *helith* (held) folgt den *a*-stämmen.

2) Die flexion von *mann* ist:

  Sg. N. A. man   Plur. man
    G. mannes, -as   manno
    D. manne, man   mannun, -on

Anm. *mannon* d. pl. meist im Cott.; in Fr. H. *thienestmannon*. Ein d. s. *manna* findet sich in den Essener gl. und in der Beichte abwechslend mit *manne*.

b) Feminina.

§ 203. Die feminina weisen vielfach formen der *i*-declination auf, im dat sg. und plural.

Spuren dieser flexion weisen auf: *bôc* buch, *briost* brust, *burg* burg, *êc* eiche, *gêt* ziege, *idis* frau, *kô* kuh, *magað* magd, *naht* nacht, *turf* torf.

bôc hat: n. a. sg. *bôk*; n. a. pl. *bôk*, C *buoki*; d. pl. *bôkun, -on*, Prud. *bôkion*; einmal ac. pl. n. *thiu bôk* in M.

briost n. pl., *briostun, -on* d. pl.

burg: n. a. *burg*; g. s. *burges*; d. s. *burg* (3 mal *burgi* C); n. a. pl. *burgi*; g. pl. *burgo, -io*; d. pl. *burgun, -iun, -ion*.

Von *êc, gêt, turf* ist nur der n. a. sg. belegt.

idis: n. a. sg. *idis*; dat. *idis*, (274 *idisi* C, *idisiu* M); n. pl. *idisi* (M 4211 *idisa*); g. pl. *idiso* (C 270, 4065 *idiseo*, M 4065 *idisiu*); d. pl. *idison, -ion*.

kô: n. a. sg. *kô*; n. pl. *kôii, kôgii* (Fr. Heb.), Oxf. gl. *mirikói*.

magað: n. a. dat. sg. *magað*; n. a. pl. *magað*, Prud. gl. *êkmagaði*.

naht: n. a. dat. sg. *naht*; g. s. *nahtes*; dat. s. *nahta*; n. a. pl. *naht*; g. pl. *nahto*; d. pl. *nahtun* (M) *nahton* (C).

Cap. II. Declination der adjectiva.

§ 204. Die adjectiva haben schwache und starke declination. Die meisten adjective können beide flexionen haben; die wahl wird durch syntactische gründe bedingt.

A. Starke flexion.

§ 205. In einigen casus hat sich die starke flexion an die pronominale declination angeschlossen: dat. acc. sg. nom. ac. gen. pl. masc., gen. pl. n. und gen. dat. sg. gen. pl. des femininums.

§ 206. Wie die substantiva lassen sich die adjectiva in *a-ô-*, *ja,-jô* und *wa-wó-*stämme einteilen; mit diesen sind die *i-* und *u-*stämme zusammengefallen.

1) Reine *a-ô-*stämme.

§ 207. Paradigma: *gôd* gut, *hêlag* heilig.

	masc.		neutr.		fem.	
Sg. N.	gôd	hêlag	gôd	hêlag	gôd	hêlag
G.	gôdes, -as	hêlages	gôdes -as		gôdara, -aro	
D.	gôdumu,-um -un,-on, -en, -an				gôdaro, -aru -ara	
	hêlagumu -umo -omo, -emo -on					
A.	gôdan, -en	hêlagna -hêlagana	hêlagan gôd helag		gôda	hêlaga
Instr.	gôdu		gôdu	helagu		

	masc.		neutr.		fem.	
Pl.N.	gôde,-a-gôd	hêlage, -a	gôd, gôda	hêlag, -a	gôda	hêlaga
G.	gôdaro, -oro, -ara, ero	hêlagaro, -ero, hêlagro	gôdaro, -oro, ero	hêlagero	gôdaro, ero, -ero	hêlagero, -oro aro
D.	gôdun, -on, -om	hêlagun -on	gôdun -on -um	hêlagun -on	gôdun, -on	hêlagon, -on
A.	gôde, -a	hêlaga	gôd, gôda, -e	hêlag, -u, -a	gôda	hêlaga

Anm. 1. *-as* im gen. sg. masc. erscheint nicht so häufig wie *-es*. In allen denkmälern wird der d. sg. *-umu, -mo* gefunden; *-on* meist in C, *-un* und *-en* (C 476) nur vereinzelt; Prud. gl. *-emo*, Oxf. gl. *-emo* und *-emu*, in den anderen denkm. *-emo, -omo*. Über die verhältnisse der dativ-ausgänge im Heliand s. Beitr. XI'I, 376.

74 § 208—210. Starke adjectiva: *u-ô-*stämme. § 211. *ja-jô-*stämme.

Der acc. sg. hat meist *-an*, nur vereinzelt *-en*. Die mehrsilbigen bilden den acc. sg. wie *hêlag*; die mit irrationellem vocal verlieren diesen meist: *bittran, hlûttran*, aber C auch *hlûtteran* etc.

Anm. 2. gen. d. sg. fem. sind einander ähnlich geworden; beide formen werden ziemlich durch einander gebraucht. Mers. gl. *-uru* in *hiburlicuru*.

Anm. 3. Der unflectierte n. pl. m. findet sich nur C 5413 *haft*. In C öfter *-a* in M *-e*; in den anderen denkm. *-a*; n. ac. pl. n. *manegu* M. *managa* C (1732) in beiden auch *manag* etc.; d. pl. auf *-um* M 569 *wârum* so auch *ôðrum, âðrum, allum* (F), sonst meist *-un*, in C mehr *-on* wie auch in den anderen denkm., nur Mers. gl. *manigun*. Dieser ausgang *-un* wurde dem dat. pl. der substantiva entlehnt.

§ 208. Wie *gôd* gehen viele adjectiva z. b.: *all* all, *ald* alt, *arm* arm, *bald* kühn, *bar* offen, *berht* glänzend, *blêk* bleich, *blind* blind, *feraht* verständig, *unbarnaht* kinderlos, u. a.

Anm. Die adjectiva auf *-h*, wie *fâh, hôh* behalten meist *h*, verlieren bisweilen auslautendes *h* in C, häufiger aber in M; inlautend in Prud. gl. *hôan*.

§ 209. Die adjectiva, welche wie *hêlag* declinieren, sind: die ableitungen auf *ag* und *ig*, wie *manag* manch, *môdag* zornig, *ôdag*, reich, *sêrag* schmerzlich, *craftig* kräftig, *mahtig* mächtig, *sâlig* selig, etc, auf *-el, -il* und *-ol*: *luttil* wenig, *mikil* gross, *wankol* schwankend, auf *-sam*: *langsam* langedauernd, auf *ar*: *ôðar* ander, *-in*: *silubrin* silbern, *guldin* golden, u. s. w.

Anm. *a-* und *ja-*formen weisen auf: *ginôg* genug, *godkund* von göttlicher abstammung und *toroht* glänzend so wie urspr. i-stämme wie *scîr, trâgi* u. a. s. § 213 anm.

§ 210. Wie diese adjectiva gehen auch die participia praet. der starken und schwachen verba.

2) *ja-jô-*stämme.

§ 211. Die urspr. kurzsilbigen adjectiva unterscheiden sich von den langsilbigen nur durch die verdoppelung des consonanten bei den ersteren: *middi, riki*.

Von den *i-*stämmen sind die meisten zu dieser flexion übergegangen, von den *u-*stämmen einige wie *engi* eng, andere wie *hard* hart und *quic* lebendig traten in die *a-*flexion.

§ 212. Paradigma *blîthi* froh.

§ 213, 214. Starke adjectiva. *ja-jô*-stämme.

	Masc.	neutr.	fem.
Sg. N.	blithi	blithi, -e	blithi, -e, -ie, -iu
G.	blithies, -eas, -es	blithies, -eas, -es, -as	—
D.	blithiumu, -imu, -imo, -ion, -on		—
A.	blithian, -ean, -ien, -ianne, blithi [-iene, -ana, -an, -on		blithia, -ea, -ie, -a
J.	blithiu, -u.		
Pl. N.	blithia, -ea, -ie, -a, -e	blithia, blithi	blithea, -a
G.	blithiero, -ero, -ioro	blithiaro, -ero	blithearo, -oro, ero
D.	blithium, -iun, -ion, -un, -on		—
A.	blithia, -ea, -ie	blithia, blithi	blithia, -ea, -a.

Anm. 1. n. sg. n. -e nur M 3577 *swikle*; n. sg. f. -e C *thiustre*, -ie M. *thiustrie*; g. sg. -es einmal M *rikes*; g. s. n. -es einmal C *subres*, -as C *derebas*; dat. sg. -*umu*, -*imu* nur in M, C hat -*ion*; -*imo* Prud. u. Oxf. gl.; acc. sg. m. in M meist -*ean*, in C -*ian* -*ianne*, M *skirianne*; -*iene* M *mildiene*; -*ana*: C *skirana*, M *spâhana*, C *muodspâhna* und *spâhan* C M; -*on* nur M *twiflon* neben *twiflien*, *twiflean*. — n. ac. f. -ie nur in M *thiustrie*, C *thiustre*, *thiustra*, in Prud gl. -*iu* in *fregchiu*, *frechiu*.
Anm. 2. n. a. pl. m. -*ia* meist C, -*ea* M, -*ie* nur M, -*a* 3 mal C 2 mal M, *trâga* Strsb.gl., -*e* in M *spâhe* n. a. pl. f. in C und M *swâra*. Im g. pl. erscheint meist -*ero*, seltener *ioro*: M *rikioro* C *rikeoro*, -*iero*: M *edliero*, *mâriero* C *mârero*. g. pl. f. M -*earo*, -*ero*, C -*oro*, -*ero*. Dat pl. -*um* M 3580 *béđium*, C *bédiun*; C hat meist -*ion*, M -*iun* -*cun*, -*on* in C 4 mal in M *thiustron*, *swithon*; -*un* in M 2 mal. In den anderen denkmälern meist -*ion*.

§ 213. Dieser flexion folgen: kurzsilbige adj. *frecki* sparsam, *luggi* lügnerisch, *middi* in der mitte, *nutti* nutz, *thicki* dick, *thunni* dünn; — langsilbige: *andhéti* zugesagt, *blîthi* froh, *blôthi* furchtsam, *derbi* derb, *derni* verborgen, *diuri* teuer, *drôbi* trüb, *ed'eli* edel, *engi* eng, *elilendi* elend, *ênwurdi* einig, *fêgi* feige, *fêkni* arglistig, *clêni* klein, *fremithi* fremd, *gifrâgi* bekannt, *ginôgi* genug, *gôdspráki* wohlredend, *grimmi* grimm, *grôni* grün, *hôti* feindlich, *hrêni* rein, *hriuwi* bekümmert„ *irri* zornig, *lâri* leer, *léhni* vergänglich, *lithi* gnädig, *madmundi* sanft, *mâri* berühmt, *mildi* milde, *mirki* dunkel, *môthi* müde, *niwi* neu, *ôdmôdi* demüthig, *ôstrôni* östlich, *ôthi* leicht, *riki* reich, *rîpi* reif, *samwurdi* einig, *skîri* glänzend, *skôni* schön, *slîthi* schlimm, *slithwurdi* grimmig, *sniumi* schnell, *sômi* passend, *sôti* süss, *spâhi* klug, *stilli* stille, *sundilôsi* schuldlos, *sûbari* rein, *swâri* schwer, *swigli* glänzend, *swîthi* kräftig, *bitengi* drückend, *tômi* ledig, *triuwi* treu, *twîfli* zweifelud, *unbitherbi* unnütz,

§ 214, 215. Starke adj. *wa-wô* und *u*-stämme.

thiustri dunkel, *thrîsti* zuversichtlich, *unfôdi* unersättlich, *unhiuri* unheimlich, *unôthi* schwer, *giwâri* wahrhaftig, *westrôni* westlich, *wildi* wild, *wôsti* wüst.

Auch *béðia*, beide decliniert so, nur hat der n. ac. pl. *béðiu*. Freck. Heb. d. pl. *béthon*.

A n m. *blôdi* hat in M 4872 n. sg. m. *blôth* C *bluothi*; so auch *skir* M 2908 acc. sg. (in C *scirana*); *trâgi* weist nur formen mit *a* auf Prud. Strb. gl. *trâga* n. a. pl. m.; von *niwi* findet sich im Hel. nur d. s. *niwon*, ac. pl. m. *niwa*, in Fr. H. d. s. *nigemo*; *spâhi* hat neben d. pl. n. C 2719 *spâhion* flexion nach den *a*-stämmen s. § 212 anm. 1 und 2, so auch *thiustri*, *twifli*; *eban*, *emn* hat Ess. gl. n. a. pl. *emnia*.

3) *wa-wô*-stämme.

§ 214. Die *wa-wô*-stämme mit vorhergehendem consonant vocalisieren das *w* im nom. sg. und haben *o* vor *w* in den casus obliquis; geht ein vocal vorher, so wird *w*, nachdem es vocalisiert ist, mit dem vorhergehenden vocal vereinigt; das vocalisierte *w* zeigt sich nicht in den anderen casus.

1) Von den ersten sind da: *garu* bereit, *gelu* gelb, *naru* enge, *falu* fahl, *-faro* farbig.

Von *garu* sind belegt n. sg. m. f. n. *garu* C *garo*; g. sg. n. M *garowes*, C *garoes*; n. pl. m. M. *garowa*, C *garoa*; Prud. *gigaruwa*. Von *gelo* findet sich n. sg. f. *gela*, Prud. *gela suht* (Hel. 1878 C schwach decl. *the gelowo wurm*), *naru* und *faro* nur in n. sg., *falu* n. sg.; und d. pl. *falun*.

2) Vocal vor *w* haben: *fâho*, *fâg* wenig, *frao*, *frâ* froh, *hrâ* roh, *grâ*, *grê* grau, *blao blâ* blau, *slêu* stumpf und *glau* (got. *glaggwus*) klug.

Sg. N. M. N. glau   blâo   hrâ   frâ   fâho
     A. M.   glauwan   g. s. f. hrâro
Pl. N. M. glauwa, -e   Pl. N. M. frâha
     G.   glauworo, -aro   fâhoro
N. pl. schwach   blâwon

A n m. Von *nâh* ist wie von *grê grâ* und *slêu* nur ein n. sg. m. belegt. Im Ess. Evang. findet sich n. sg. n. *fâg* wenig.

4) *u*-stämme.

§ 215. Die meisten *u*-stämme sind in die *i*- und *a*-declination übergetreten, *glau* (got. *glaggwus*) ist bei den *wa*-stämmen

§ 216. Schwache adj. § 217—218. Participia. 77

verzeichnet; *engi* (got. *aggwus*) ist *i*-stamm geworden. Nur *filu*, viel, hat den charakter bewahrt, ist aber nur im n. a. sg. n. belegt.

B. Schwache flexion.

§ 216. Die schwache flexion der adjectiva ist die der schwachen substantiva. Die *ja*-stämme unterscheiden sich von den *a*-stämmen in der flexion durch das *i* vor dem casussuffix.

Paradigma *gôd* gut.

	man.	neutr.	fem.
Sg. N.	gôdo, -a	gôde, -a, -o	gôde, -a, -o
G.	gôden, -on		gôdun, -on, -en
D.	gôden, in -an, -on		gôdun, -on, -an
A.	gôdon, -an, -an	gôdo, -a, -e	gôdun, -on, -an
Pl. N. A.	gôdun, -an		gôdun, -on, -an
G.	gôdono, -eno		gôdono
D.	gôdon, -un		gôdon, -un

Anm. Die ausgleichung der casusendungen ist sehr stark. In beiden hss. des Heliand findet sich ziemlich grosser wechsel der casusendungen. Der dativ *-in* findet sich nur C 5113 *haftin*, M *haftemu*. Von den anderen denkm. haben Conf. und Strsb. gl. im dat. und ac. sg. fem. nur endungen auf *-un*, die Fr. H. hat dat. sg. *wôstun*, acc. sg. *rehton*.

§ 217. Die *ja-* und *wa*-stämme behalten meist *j*, *w*. z. b. *mârio*, *rîkio*, *grônean*, *engean*, *blâwon*, *glauwon*, etc. daneben aber *riko* (C 5253), *riken* (C 5545), *rîkun*, *lêhnun*, *druoben*, *derbun*, *thiustre* alle in C.

C. Declination der participia.

§ 218. Das participium praesentis hat die flexion der adjectiva, welche zur *ja*-declination gehören; es wird wie diese stark und schwach decliniert.

Paradigma der starken flexion: *liggiandi* liegend.

	masc.	neutr.	fem.
Sg. N.	liggiandi	liggiandi	—
G.	liggiandes, -ies		—
D.	liggiandemu, -emo, -amo		—
A.	liggiandian, -ien, -an	liggiandi	liggiandia
Pl. N. A.	liggiandia, -ea, -ie, -a, -e		—
G.	liggiandero		—
D.	liggiandiun, -ion, -un		liggiandian

§ 219 Participia. § 220—222. Steigerung.

Anm. Der ausgang des d. sg. *-emo* findet sich in den Prud. und Oxf. gl. und in der Homilie; *u* im Ess. Ev. *fleondu*. In Ess. Evang. n. pl. *lesanda, flehtente*, Lind. gl. *lesandia*; dat. pl. Ess. Ev. *driagundum*.

§ 219. Das participium praeteriti flectiert ganz wie die *a*-stämme, s. § 210. Ueber die syncope des *i* in den flectierten casus sehe man § 267b.

D. Die steigerung der adjectiva.

§ 220. Die adjectiva bilden den comparativ durch die suffixe *-ir-* (*-er-*), *-ar-*, *-or-*, und *-r*.

Streng geschieden sind diese suffixe nicht; einige adjectiva weisen z. b. einen casus mit *-ir-* (*-er-*) und andere casus mit *-or-* oder *-ar-* auf: *liobera* (C), *lioboro* (M), *lioboron* (M), *leobrun* (C), *iâmorlicra* (C) *giûmarlikara* (M), *godlikoro* (C) *godlicora* (M), *grimmora* (M) *grimmera* (C), *gernora* (M) *gernera* (C), *latoro* (M) *latera* (C): im ganzen hat C mehr *era*, M *oro*.

Mit *-ir-* (*-er-*) bilden den comparativ: *aldero* (M) *engira, forthiro, lengira, langira, liohtera, mildira, rehtera, skôniera, spâhiro, sôtera,* (*sôtiera*), *swîthera* (M) *wîsera* (C) *wôthera* (*wôthiera* M).

-ara- haben: *ênfaldara, grôtara, iâmarlikara* (M), *lêthara, narwara* (C) *narowaro* (M), *sêrara, sundigara* (Strsb. gl.), *swîthara* (M), *wârara* (Prud.), *wîsaro* (M). *-oro-* haben: *gernora* (M), *gódlicora, grimmora* (M), *craftigoro* (M), *latoro* (M), *liohtora* (M), *sáligoro* (M), *swîthoro* (M).

Syncopirte formen hat C: *aldro, armlicro, craftigron, iâmorlicra, iungro, lêthro, leobrun, stilra, sáligra, swîthra, wrêthra*. M hat *aldiro* und *aldro, swîthra, swîthera* und *swîthare, lengra* und *lengira*. Von *lang* in comparativo hat C die folgenden formen: *langron, lengron, lengiron, lengerun* und *langerun*.

§ 221. Der comparativ flectiert wie das schwache adjectiv. Im nom. sg. des masc. fem. neutr. ist *a* regelmässig, M hat *o* neben *a*, in *latoro, wîsaro* m., *rehtaro* f. und *narowaro* n., C in *armlicro, guodlicoro*; in den substantivisch gebrauchten comparativen *aldero, aldro, iungaro, iungro* steht immer *o*. (Beitr. VI, 346).

Die anderen casus haben meist *-on*, in C meist *-un*; *-an* in 1200, 1955 *mildiran* M, *milderan* C 1955, in C 1200 *melderon*.

§ 222. Der superlativ wird gebildet durch die suffixe -*ist*- und -*ost*-. Im Altsächsischen ist das suffix -*ost*- sehr häufig geworden. Mit -*ist*- werden gebildet: *emnista, ferristo, furisto, minnist, nâhist, triuwist, wirsista*.
Syncope haben *latsto, lasto, lezto*.
Mit suff. -*ost* werden u. a. gebildet: *drôbost, fagarost, hêlgost, hêrost* (Freck. H. *hêreston*), *hôhost, craftigost, lêðost, gelîkost, lofsamost, mâriost* (M) *mârist* (C), *rîkiost, rîkost* (C), *scôniost*, (*scôinost* C) *spâhost, swârost, wîsost, wlitigost, wunsamost*.

§ 223. Die flexion ist im nom. sg. aller geschlechter und acc. sg. n. sowohl stark als schwach; in den anderen casus ausschliesslich schwach. Der schwache n. sg. m. endet in C öfter auf -*a*; in M ist -*o* die regel, in wenigen ausnahmen -*a*: *bezta, furista; fagorosta* (760) kan auch fem. sein.

§ 224. Unregelmässige steigerung haben:

gôd (*gut*)	Comp. betara, betera. Superl. bezt (M) betst, best (C)	
ubil (*schlecht*)	» wirsa	wirsista
luttil (*wenig*)	» minnera	minnist
mikil (*gross*)	» mêra	mêst, mêsta

§ 225. Steigerungsformen, welche kein adjectivum als positiv neben sich haben, sondern von einem adverb oder einer praeposition gebildet werden, sind:

	abaro *nachkomme*	
	êr *prius*	êrist *primus*
furthir	forthero *vorvater*	furista *vornehmste*

Ein superlativ mit *ma*-suffix ist: *forma* erste.

E. Adverbia.

§ 226. Adverbia werden von adjectiven gebildet durch hinzufügung der endung -*o*: *gilîco* gleich, *frônisco* herlich, *wîdo* weit, etc.; die *ja*-stämme zeigen kein *j*: *fasto, darno, swîtho, mildo* etc.; die *wa*-stämme kein *w*: *garo* bereit, *nâho* nah; nur *naru* enge behält *w* als adverb *narawo* (C). *Gôd* hat als adv. *wela, wel* wohl, in M *wala* und *wola*, C *wola* und *wolo*. In Mers Gl. hat -*lîko* das äussere eines unbetonten suffixes bekommen: *unstândanlica, unforthianadluca*.

§ 227. Der comparativ und superlativ der adverbia wird von der unflectierten starken form der adjectiva im comparativ und superlativ gebildet, nur ist der comparativausgang *-ir* meist verschwunden und dafür in der regel die endung *-or*, *-ur* eingetreten: *diopor, furðor, furður, sêrur.*

Superlative *êrist, wîdôst, mêst, best*

Unregelmässige comparative der adverbia sind *bet* besser, *lêss* minder, *wirs* schlimmer, so wie *êr*, früher, und *sîth*, später, wozu ein neuer compar. *siðor.*

§ 228. Als adverbia erscheinen auch casusformen von adjectiven und substantiven: acc. sg. *reht, simbla, hindag*; g. sg. *forðwardes*; instr. *mikilu, hiudu*, d. pl. *grôtun, gâhon, simblon, sunnon, hwîlon, strîdiun, listiun*, etc.

§ 229. Von praepositionen werden adverbia gebildet wie *aftar, ûtar, ûtan, ûtana; foran, hindan, uppan, innan* u. a.

Anm. Ueber pronominaladverbia s § 251.

Cap. III Die Zahlwörter.

1) Cardinalzahlen.

§ 230. Die drei ersten zahlwörter sind in allen geschlechtern und casus declinierbar.

1) *ên* m. *êna* f. *ên* n., ein, decliniert wie ein adjectiv der *â*-stämme und hat starke und schwache flexion. Der acc. sg. m. hat *ênna* und *ênan*.

In schwacher flexion hat es die bedeutung von *einzig, allein*.

2) *twê*, zwei:

	masc.	fem.	neutr.
N. A.	twêna, -e, -ie.	twô, twâ.	twê, twâ
G.	tweio		
D.	twêm	twêm	twêm

Die zweizahl wird auch ausgedrückt durch *bêthia, bêðia* m. *bêðia* f, *bêðiu* n. welches wie ein *ja*-stamm, s. § 213, decliniert wird. Einige male findet sich in C *bithia*, in M *beidero*.

3) *thrie* drei:

	masc.	fem.	neutr.
N. A.	thrie, thria, threa	threa	thruu thria thriu
G.	—	— —	
D.	thrim	thrim	

231. Die zahlen 4—12 haben unflectierte formen, welche

§ 231—235. Zahlwörter.

angewendet werden, wenn die zahlen adjectivisch vor dem substantiv stehen, flectierte, wenn sie nach dem substantiv stehen und substantivisch gebraucht werden.

Die flectierten formen folgen der declination der *i*-stämme *sia ñori, mid them ñwariun* (C *ñwarun*), *girstin brôd ñvi*.

Die weiteren zahlen sind:

4 *ñuuar, ñuuuur, ñor, vier, veir* (Fr. H.).
5 *ñf, vîf*.
6 *sehs, ses* (Fr. H. hs. M.)
7 *sibun, sivon, siven*.
8 *ahto, ahte*.
9 *nigun, nigon, nigen*.
10 *tehan, tian* (Ess. H.), *tein* (Fr. H.).
11 *ellevan, elevan, eleven*.
12 *twelif, tuuilif, tuulif* (diese zwei in Fr. H.).

§ 232. Die bezeichnungen für 13—19 werden gebildet durch zusammensetzung mit *tehan*; diese haben keine flexionsformen.

13 *thriutein, thrutein* (Fr. H.), 14 *ñertein*, 15 *ñftein*, 16 *sehstein, sestein*, 17 *sivontein*, 18 *ahtotein, ahtetian, ahtetein*, 19 *nigentein* (alle in Fr. H.).

§ 233. Die zehner von 20—60 werden durch composition mit *tig* (got. *tigus*) gebildet: *twêntig, twêntich, twênthic* (Fr. H. hs. M), *twêntihc, twênthig; thrîtig, thrîtich, thrîtic; ñwartig, ñortig, ñartig, ñertich, ñertihc, vierteh, viarteg; ñftich, vîftech*.

Von 70—100 erscheinen neben formen auf *tig* (Ess. Heb. *deg*) auch formen mit aus *hund* entstelltem *ant* und *at*, welches bisweilen fortfällt: 70 *antsibunta* M, *atsibunta* C, *sibun siðun sibuntig* C M., 80 *antahtoda* M, *ahtoda* C, *antahtoda* Fr. H. *ahtodoch*, *ahtedeg* Ess. Heb.; 90 *nigonda, nichonte* Fr. H.

Anm. Die formen *sibunta, nigonda* etc. sind noch nicht genügend erklärt (dagegen Morph. Unt. V, 12).

§ 234. Für hundert und zahlbildungen mit hundert wird gebraucht das neutr. subst. *hund*; in Fr. H. für hundert *hunderod*. Tausend ist *thûsundig: fîf thûsundig* fünf tausend.

2) Ordinalia.

§ 235. Als ordinalia der einzahl werden gebraucht *êrista, formo, furisto*.

Für die zweizahl; *óthar, áthar, andar.*
3 *thriddia*, 4 *fior∂o, -a*, 5 *fifto, -a, vifthe, fibta*, 6 *sehsto, -a*,
7 *sibunda, sivondo* (Ess. H.), *sivotha* (Fr. H.), *sibta* (Werd. H.),
8 *ahtodo*, 9 *nigunda* (M) *nigan∂a* (C) 10 *tehando, tegotho* (Fr.
H.), 11 *ellifto, ellefta.* (Fr. H.).

3) Andere zahlarten.

§ 236. Von alten distributivzahlen begegnet nur *twisk*
(*undar twisk*).

§ 237. Von multiplicativen *énfald, viffold* und *tehinfald*.

§ 238. Numeraladverbia sind *énes* einmal, *thriwo* (M C)
thriio (C) *thrio* (Fr. H.). und die zusammenstellung eines
zahlwortes mit *sîth* gang, mal: *an thana formon, thriddeon
sîth, ódru sîthu, ó∂er si∂u* (C), *sibun si∂un sibuntig, tehan
si∂un tehinfald.*

Cap. IV. Pronomina.

1. Ungeschlechtige pronomina.

§ 239. Promina personalia der 1en und 2en pers.

	1. person	2. person.
Sg. N.	ic, ec	thû
G.	mîn	thîn
D.	mî	thî
A.	mî, mô, mik	thî, thic
Pl. N.	wî, wê	gî, ge
G.	ûser	euwar, iuwer, iuwar, -ero, -era
D.	ûs	eu, iu,| iuu
A.	ûs	eu, iu, iuu
Dual. N.	wit	git
G.	uncero	—
D. A.	unc	inc

Anm. 1. Das pron. 1. prs. n. sg. ist meist *ik* in C, und im letzteren teile
(von vs. 2453 ab) von M, übrigens *ic*; *ec* im Taufgelöbn; der ac. sg. ist meist
mi; *mê* findet sich nur in M; *mik* in M (4783), C, Prud. gl., Beichte
und Ps. Pred. — n. pl. *wê* nur in M.

Anm. 2. N. sg. des pron. der 2 pers. im Taufgel. *tu* in *forsachistu, gelôbistu*; ac. sg. *thik* in C neben *thi*, Prud. gl. *thic* und *thi* von verschiedener
hand. — n. pl. *ge* einige male in M. — Im gen. pl. hat C die *-er* formen,
euwar einige male in M wie auch *iuwar* und *iuworo*. Der dat. und ac.
pl. *eu* nur in M. (Kauffmann Beitr. XII, 356).

§ 240—242. Pronomina.

Anm. 3. Der dual erscheint in beiden hss. des Heliand, häufiger in M; C hat dafür manchmal den plural.

2. Reflexivum.

§ 240. Das reflexiv wird im Heliand nicht angetroffen. Als reflexiv werden gebraucht im dativ. sg. der dativ sg. des pron. d. 3en pers. und im accusativ der acc. sg. der 1en, 2en und 3en ps.

3. Geschlechtiges pron. der 3en person.

§ 241.

	masc.	neutr.	fem.
Sg. N.	hê, hi, hie	it, et	siu, sie, sia, sea
G.	is, es		ira, iru, iro, ire
D.	imu, imo, im, him		iru, iro
A.	ina, inan	it, et	sia, sea, sie
Plur. N. A.	sia, sea, sie	siu	sia, sea, siu
G.	iro, ira, era	—	iro, era, ira, iru, ire
D.	im	—	im

Anm. 1. Der nom. sg. masc. lautet in M meist *hê*, vereinzelt *hi*, in C *hie*; in Hom. und Fr. H. *hê*. Der dativ. masc. neutr. *im* wird vom schreiber von C bevorzugt, *imo* nur im aufang einige male, *imi* C 3218, *mi* 4440, C 960 *him*; M hat *im* und *imu*, einige male *imo*, (über diese formen so wie über die dat. pl. *imu* in M s. Beitr. XII, 283, XIII, 376, XIV, 159, XV, 337, 435), Ess. Ev. und Hom. haben *imo*. Der ac. s. *inan* erscheint nur in M. Nom. acc. pl. masc. haben in M meist *sie*, in C *sia*, *sea*; n. a. pl. neutr. in M meist *siu*, in C *sia*, *sea*. Der gen. pl. *ira* ist selten, nur in M, so wie *era* in C.

Anm. 2. Nom. sg. fem. gewöhnlich *siu*, vereinzelt in C und M *sie*, *sea*, in C auch *sia*; im acc. *sia* in C, *sie* in M, *sea* in beiden.

Anm. 3. Nom. sg. neutr. *et* und g. sg. *es* nur in C.

4. Possessiva.

§ 242. Die possessivpronomina werden von den formen des genitiv sg. der personalia gebildet; also *mîn*, *thîn*, *sîn* (bezogen auf ein masc. oder neutr. im singular). Das possessiv des femininums und des plurals der 3en person wird ausgedrückt durch den gen. sg. fem. und den genitiv. plur.: *ira*, *iro*.

Die flexion dieser pronomina ist die der starken adjectiva.

Für das possessivpronomen der 1en und 2en prs. dual und plur. finden sich die verkürzten formen *unka*, *inka*, *ûsa*, *iuwa* (*euwa*). In der flexion hat der nom. sg. aller geschlechter dieselbe form, die anderen casus haben die endungen des starken adjectivs, im dat. pl. hat C vereinzelt doppeltes *s* in *ûssan*.

5. Demonstrativa.

§ 243. Das demonstr. pron. *the* wird auch als bestimmter artikel und als relativ gebraucht. Die flexion ist:

	masc.	neutr.	fem.
Sg. N.	thê, thie (se)	that	thiu
G.	thes		thera, thero
D.	themu, -mo, them, thamo, then		theru, thero, thera
A.	thena, thana, thane, then, than	that	thia, thea, thie, the, tha, thi
I.	thiu	thiu	thia, thea
Pl. N. A.	thê, thea, thie, thia, tha	thiu, thia, thea, thie, the	thê, tha
G.		thero		thero
D.	thêm, thên		thêm, thân

Anm. 1. Der n. sg. m. in M lautet *thê*, einige male *thie* und *thea*, in C meist *thie*, ungefähr fünfzig mal wird *thê* gefunden, einige male auch *thia, thi, thei* (vielleicht schreibfehler), und viermal begegnet *se*. In anderen denkmälern *the* und *thie*.

Anm. 2. Von 317 stellen lautet der dat. sg. m. und neutr. in M 220 mal *themu*, 94 mal *them*, einmal *then*; in C 293 mal *them*, 25 *themo*, 1 *thiemo*, *then*, *tham*, *them*, 3 *thiem*, 2 *than*. In allen anderen denkm. meist *themu, themo*; in Fr. H. auch *thamo* und *then*.

Anm. 3. Der acc. sg. m. hat in M meist die formen *thene* und *thana* (von 178 stellen 98 *thene* 60 *thana*, 9 *thena*, 5 *thane*, 3 *then*, 1 *thenne* 1 *than*, in C meist *thena* (von 178 stellen 171 *thena*, 2 *thana*, 2 *than*, 2 *then*, 1 *thiena*). In den anderen denkm. meist *thena*; in Fr. H. auch *thene* und *then*.

Anm. 4. Der alte nom. acc. plur. masc. *thê* findet sich noch an 23 stellen in M, an 2 in C, 23 mal hat M dafür *thie*, einmal *thâ*, in überwiegender anzahl aber *thea*, während C meist *thia* hat, 4 mal *thea*, 4 *tha*. Die anderen denkm. haben *thie* und *thia*.

Anm. 5. Für den dat. pl. masc. neutr. findet sich in C einige male *thiem* und *thên*, sonst überall *thêm*; in M einmal und in Fr. H. und Mers. Gl. *thên*.

Anm. 6. Der nom. ac. pl. neutr. hat in M von 46 stellen 27 *thia*, 12 *thea*, 7 *thê*; in C von 66 stellen 40 *thia*, 18 *thia*, 4 *thie*, 2 *thê*, 1 *thea* und *tha*.

Anm. 7. Der nom. sg. fem. hat in M und C der regel nach *thiu*; C 4232 *thie*, wohl masc. gemeint. An einigen stellen findet sich *the*, so 2001, 2941 bei wörtern wie *heri -hêri* (Beitr. XII, 349; XIII, 375) und *flôd*, welche m. und f. genus aufweisen.

Anm. 8. Der gen. sg. fem. hat in M und C meist *thero*, weniger häufig *thera*, einmal in C *theru*; in den anderen denkm. nur im Segen *theru*.

§ 243, 244. Pronomina demonstrativa.

Anm. 9. Der dat. sg. fem. in M hat meist *theru*, woneben *thero* und *thera* (von 106 stellen z. b. 80 *theru*, 19 *thero*, 7 *thera*; in C meist *thero* (von 109 stellen, 99 *thero*, 8 *thera*, 1 *theru*, 1 *there*, 1 *ther*). In der Beichte *theru*, Hom. und Fr. H. Strsb. Gl. *thero*, Segen *thera*.

Anm. 10. Im acc. sg. fem. hat M meist *thea* daneben *the*, *thic*, *thia* (von 67 stellen 52 *thea*, 8 *the*, 5 *thie*, 2 *thia*) C hat meist *thia* auch *thea*, *tha*, *thiu*, *thi* (wohl schreibfehler), von 89 stellen 80 *thia*, 4 *thea* 2 *tha*, 1 *thiu*, 12 *thi*. In der Beichte und Segen Spr. *thia*, Freckh. H. *thie* und *thê*.

Anm. 11. Der nom. a. pl. fem. in M lautet *thea*, einmal *thia*, die stellen wo *thê* sich findet sind relativsätze; in C meist *thia*, viermal *thea*, 3 *tha* und einmal *thê*, *thi* und *thiu*, in relativsätzen *the*. In Strsb. gl. *thia*, Fr. H. *thie*.

Anm. 12. Der gen. pl. f. hat durchweg *thero*, zweimal *thera* in C in M einmal *theru* und *there*; in den anderen denkmälern *thero*.

Anm. 13. Im d. pl. f. hat C einmal *thên* sonst *thêm* wie auch M. In den anderen denkm. *thên*, dreimal in Fr. H. *thân*.

§ 244. Das zusammengesetzte demonstrativpronomen nhd. dieser hat, ausgenommen *thius*, wie im ahd. endflexion. Die flexion ist:

Sg. N. these	thit		thius, thesu
G. theses, -as	theses, thieses		thesero, -aro, -oro, -ara
D. thesemu, -on	thesumu, thesumo, thesum, -un, on	thieson,	thesero, -aro, -aru
A. thesan, -on	thit		thesa thessa
I.	thius		

Pl. N. A. those, -a	thius, thesa	thesa, -e
G. thesaro, -oro		thesaro, -oro
D. thesun, -on		thesun, -on

Anm. 1. Der n. sg. m. *these* fehlt. G. sg. m. *-thesas* in M und P, *theses* in C. M hat im dat. sg. masc. die *mu*-formen; ac. sg. m. *theson* nur einige male in C. — n. pl. *these* in M vereinzelt auch *thesa*, *thesa* in C; gen. pl. *thesoro* nur in M.; dativ pl. in M *thesun* und *thesum*, C *theson*, 1 mal *thieson*.

Anm. 2. Nom. sg. neutr. *thitt* in P und einmal in C. Gen. sg. n. *thieses* einige male in C, in der Fr. H. *thesas*. Dat. sg. n. in M meist *thesumu*, in C meist *theson* (M von 64 stellen 53 *thesumu*, 1 *theson*, 4 *thesum*, 3 *thesum*. C von 66 stellen 60 *theson*, 1 *thesamo*, 1 *thieson*, 1 *thison*, 1 *thesom*, 2 *thesan*); acc. s. n. *thit*, in C einige male *thitt*, einmal *thet*, Mers. gl. Der ac. pl. n. *thesa* C 1825.

Anm. 3. Nom. sg. fem. *thiu*, in C 1950 *thesu*, 4894 *thus*. Gen. sg. f. in C nur *thesaro*, in M 9 mal *thesáro* 2 *thesero*, 2 *thesoro*, 1 *thesara*. Im dat. sg.

§ 245—247. Pronom. Relativa. § 247. Interrogativa.

f. hat M von 120 stellen 39 mal *thesaru*, 25 *thesoro*, 23 *thesaro*, 10 *thesero*, 2 *thesara*, 1 *thesare*; C von 108 stellen 95 mal *thesaro*, 2 *thesero*, 1 *thesara*; acc. s. f. *thessa* C 1803; gen. pl. f. in C *thesaro*, in M von 12 stellen 7 mal *thesaro*, 5 *thesoro*: dat. pl. in M *thesun*, in C *theson*; ac. pl. f. *thesa*, in M einmal *these*.

§ 245. *Self*, ipse, decliniert ganz wie ein adjectiv: nom. sg. masc. fem. neutr. stark *self*, g. sg. *selbes*, *selbaru*, *-aro*, *selbes* etc. Schwach: n. s. masc. fem. neutr. *selbo*.

6. Relativa.

§ 246. In relativsätzen erscheint statt eines bestimmten relativpronomens das persönliche pronomen der 1, 2 und 3^{en} person und das pronomen demonstrativum, wenn der nachsatz ein dem vordersatze syntactisch gleichgebauter ist. Bei abhängigen relativsätzen findet sich im relativsatze ein casus des pron. demonstr. oder die aus dem nom. sg. masc. des pron. demonstr. entstandene relativpartikel *thê*, wofür in C drei mal *thei* (vielleicht ein schreibfehler). In C findet sich 4 mal als relativ gebraucht das mit dem ags. übereinstimmende *sê*. Näheres giebt E. Wilhelmy in *Die Einleitungen der relativsätze im Heliand* (Leipzig 1881).

In der Psalmpredigt findet sich als relativ *ther*; in den anderen denkmälern *thê*.

7. Interrogativa.

§ 247. Das einfache interrogativ *hwê*, *hwat* hat nur ein en singular des masc. und neutr. Das femininum wird durch die formen des masc. ausgedrückt.

	masc.	neutr.
N.	hwê, hwie	hwat
G.	hwes	
D.	hwemu, hwom	
A.	hwena, -e	hwat
J.	hwiu, hweo, hwî	

Anm. 1. n. sg. in M nur *hwê*, in C 16 *hwie* gegen 9 *hwê*. Der dativ sg. in M *hwemu*, 2 mal *hwem*, in C *hwem*; ac. sg. m. in M *hwene*, in C *hwena*.

Anm. 2. Der instr. s. neutr. meist *hwi*, einmal in C *hiu*, in M *huii* und *hweo*, wechselt an einigen stellen ab mit *hwô*.

§ 248. *hweðer*, welcher von beiden, decliniert wie ein st.

§ 249. Pron. interrog. § 250. Indefinita. § 251. Adverbia. 87

adjectiv: n. sg. *hweðar* (M) *hweðer* (C), g. sg. *hwederes* (M) *hwethares* (C), acc. sg. *hwederon* (C).

§ 249. *hwilic*, welcher, hat ebenso adjectivische flexion.

	masc.	neutr.	fem.
Sg. N.	hwilic	hwilic	hwilic
G.	hwilices, -as		—
D.	hwilicumu, -cum, -cun, -con		hwilikaru
A.	hwilican	hwilic	hwilika, -e
J.	hwilicu, -o		—
Pl. N. A.	hwilice, -a etc.		

hwilik und *hweðar* fungieren in zusammensetzung mit *so* auch als indefinita.

8. Indefinita.

§ 250. Die indefinita sind:

a) *sum* irgend einer, decliniert als starkes adjectiv.

b) *ên* und die negation *niên*, *nên*, *nán*, häufiger *nigên*, *negên*.

c) *man* jemand, und die composita *eo-*, *ioman* jemand und die negation *neo-*, *nioman* niemand.

c) *wiht*, nur als neutrum in der bedeutung etwas gebraucht und in den compositis *eo-*, und *neowiht* vorkommend.

d) Mit *hwê* zusammengesetzt sind die pronomina: *so hwê so*, wer auch immer (decliniert wie das interrogativ), *gihwê*, *gihwat* jeder, jedes.

e) mit *hwedar*, *so hwedar* welcher, was auch von beiden oder mehreren, und in Fr. H. *gahwethar*, *iehwethar* jeder von beiden und die negation *neuuethar*, keiner von beiden.

f) mit *hwilik*: *so hwilik so* wer immer; *gihwilik* jeder, ein jeder; *eo gihwilik* (Ps. pr. *io giwelik*) jeder, jedes; und in composition mit *dag*: *te thero dachwilekan prevenda* zur täglichen pfründe.

g) Zusammengesetzt mit-*lik* ist auch *sulic* ein solcher, welches substantivisch und adjectivisch gebraucht wird. Es steht entsprechend dem interrogativpronomen *hwilik*, oder correlativ mit *so*: *te sulikun ambahtscepi so hê mi egan wili*.

Adverbia.

§ 251. Adverbia aus pronominalstämmen gebildet sind die ortsadverbien zur bezeichnung der ruhe an einem orte, der bewegung nach, und der bewegung von einem orte her: beantwortend die frage

	wo?	wohin?	woher?
	thar	tharod	thanan
	hwar	hwarod	hwanan
	hier (hêr, hîr)	herod	hinan, hinana

Adverbia der zeit sind:
thô   than, und hwan.

II Abschnitt: Conjugation.

Allgemeines.

§ 252. Das altsächsische verbum hat folgende formen:

1. Ein selbständig entwickeltes genus, das activum. Das mediopassivum ist verschwunden, und das passivum wird gebildet durch das participium praeteriti in verbindung mit den hülfsverben *wesan* und *werthan*.

2. Zwei tempora: praesens und praeteritum. Das futurum wird durch das praesens vertreten, mehr noch durch umschreibung mit dem hülfsverbum *sculan*.

Anm. Das perfectum wird durch umschreibung mit *hebbian* und *wesan* gebildet.

3. Zwei volle modi: einen indicativ und einen optativ (auch conjunctiv genannt); dazu einzelne personen eines auf das praesens beschränkten imperativs.

4. Zwei numeri: singular und plural.

5. Verbalnomina sind: infinitiv, participium praesentis und participium praeteriti und ein gerundium.

§ 253. Die verba verteilen sich in zwei hauptklassen nach der bildung ihres praeteritums.

1) **Starke verba.** Diese bildeten ihr praeteritum ursprünglich teils durch reduplication mit wechsel des wurzelvocals (ablaut) teils durch reduplication der wurzelsilbe mit oder ohne ablaut der wurzelsilbe. Die reduplication ist im alts. verschwunden, statt dessen zeigt sich bei diesen letzteren verben ein jüngerer wechsel des wurzelvocals der nicht mit dem alten ablaut übereinstimmt. Alle bilden das part. prt. durch ein *n*-suffix.

Starke verba

	1	2	3a	3b
Sg. 1.	míthu, -o	biudu	bindu	wirthu
2.	mithis	biudis	bindis	wirthis
3.	mithid, id, it	biudid	bindid	wirthid
Plur. 1. 2. 3.	mithad, ad, at	biodad	bindad	werthad

Sg. 1. 3.	mithe, a	biode	binde	werthe
2.	mithes, as	biodes	bindes	werthes
Plur. 1. 2. 3.	mithen -an -in	bioden	binden	werthen, -an

Sg. 1.	mith	biud, biod	bind	wirth, werth
Plur. 2.	mithad, ad, at, et	biodad	bindad	werthad

	mithan, -en	biodan	bindan	werthan

	mithandi	biodandi	bindandi	werthandi

Sg. 1. 3.	meth	bôd	band	warth
2.	midi	budi	bundi	wurdi
Plur. 1. 2. 3.	midun	budun	bundun	wurdun

Sg. 1. 3.	midi	budi	bundi	wurdi
2.	midis	budis	bundis	wurdis
Plur.	midin	budin	bundin	wurdin

	gimidan	gibodan	gibundan	wordan

Schwache verba

iv.

5	6	7	8	1	2
þuithu	dragu	fallu	hrópu	neriu	folgon
þuithis	dregis, dragis	fellis	hrópis	neris	folgos
þuithid	dregid, dragid	feilit	hrópid	nerid	folgod
quethad	dragad,	fallad	hrópad	neriad	folgod

þetho	drage, -a	falle	—	nerie	folgo, -oie
þethes	drages	falles	—	neries	folgos
þethan	dragan	fallen, -an	—	nerien, -ian	folgon, -oian

v.

þuith	drag	fall	—	neri	folgo
þethad	dragad	fallad	—	neriad	folgod

v.

| þethan | dragan | fallan | hrópan | nerian | folgon |

a m.

| þethandi | dragendi | fallendi | hrópandi | neriandi | folgondi |

,u m.
v.

quath	drôg	fel(l)	hriop	nerida	folgoda
quádi	drôgi	felli	hriopi	nerides-as,-os	folgodos
quádun	drôgun	fellun	hriopun	neridun	folgodun

þuádi	drôgi	felli	hriopi	neridi	folgodi
þuádis	drôgis	fellis	—	—	—
þuádin	drôgin	fellin	hriopin	neridin	folgodin

ı m.

| iquedan | gidragan | gifallen | gihrópan | ginerid | gifolgod |

1) **Schwache Verba**. Die schwachen verba bilden ihr praeteritum durch zusatz der silbe -*da* (indog. *ta*), das partic. praeteriti wird gebildet durch ein dentalsuffix. Die schwachen verba zerfallen in drei klassen; s. § 291.

Anm. Auch bei den schwachen verben sind noch spuren eines alten ablauts wahrnembar, wie z. b. in *walda* neben *wolda*, *warhta* neben *worhta*, *mahta* neben *mohta*.

Cap. I. Die flexion der starken und schwachen verba.

§ 254. Die endungen der starken verba sind ausgenommen kleinere abweichungen im praesens dieselben wie die der schwachen verba. Die endungen des praeteritums sind zum teil verschieden.

§ 255. Paradigmata nebenstehender tafel: stark, ablautend: *mîthan* meiden, *biodan* bieten, *findan* finden, *werthan* werden, *niman* nehmen, *quethan* sagen, *dragan* tragen; reduplicierend: *fallan* fallen, *hrôpan* rufen; schwach: 1e conjugat. *nerian* retten, 2e conjugat. *folgon* folgen.

Anm. Von der 3en schw. conjugation ist kein vollständiges paradigma zu geben s. § 310. Die unterabteilungen der schwachen verba der 1. und 2. conj., welche sich meist auf die stammveränderungen beziehen, finden sich bei den §§ über die schwachen verba, wo auch die flexion dieser unterabteilungen zu finden ist.

1. Flexion des praesens.

a) Indicativ.

§ 256. Die 1. pers. sg. praes. ind. ist bei den st. v. und schw. v. I conj. -*u*, im Taufgel. -*o*, der Cott. hat. 3 mal -*o*, M 7 mal, M 213 *wâni* für *wâniu*. Die schw. v. der II. conj. und die unthematischen verben haben *m* (Beit. VIII, 298).

§ 257. Die endungen der 2. und 3. pers. sind -*is* und -*ið*, ausgenommen in der 2. schwachen conj. wo -*os*, -*oð*, und in der 3. conj. wo -*es*, -*as* neben -*is* und -*eð*, -*að* neben -*ið* steht. Für -*ð* findet sich -*d* und -*t*.

In C ist *t* häufiger in auslaut, in M *d*; neben gewöhnlichem *id* in M und *it* in C findet sich in C 7 mal *iđ*, 13 mal *id*, in M 18 mal *it* bei starken verben, C 8 mal *iđ*, 11 mal *id*, 2 *ođ*, 1 *od*, M 3 mal *it*, 1 mal *ot* bei schwachen verben. Von den kleineren denkm. haben Ess. Heb. und Homelie *et*, *eđ* in Fr. H. *gived* Ess. H. *geldet*, s. § 144; Greg. gl. *eth* in *spriketh* dicit.

Die praeterito-praesentia haben in der 2. pers. -*t*: *tharft*; *st* findet sich in *canst*, *farmanst*.

Die endung *is*+*thu* (pron. 2. prs.) wird zu *istu* in *forsachistu* Taufgel.

§ 258. Die drei personen des plural haben als personalsuffix -*ađ* (über die entstehung s. Behaghel Grundriss I, 606); an einigen stellen hat C in der 3^{en} pers. plur. -*ent* wofür in M -*ad*, z. b. 4327 C *liggient* M *liggiad*, so *seggient*, *marient*, *gihugqent*, Prud. gl. *utbosment*. In den meisten fällen hat C auslautendes -*t*, M -*d*, daneben M 19 mal -*at*, C 2 mal -*id* 3 mal -*it*, 5 mal -*ad* 3 mal -*ađ*; in C haben -*onđ*: *tholond* und *gornonđ*. Merseb. gl. -*th*, -*dh* und -*d*, Ess. gl. -*đ* Strsb. gl. -*t*, und -*d*, die anderen denkmäler -*d*; vergl. § 144.

b) Optativ.

§ 259. Der optativ. praes. hat in der 1. und 3. pers. sing. die endung *e*, seltener *a* (24 mal in M gegen 40 mal *e*, in C 3 mal gegen 67 *e*), zweimal auch *i* in C. Die zweite person hat *es* (9 mal in C 4 mal in M), daneben *as* (4 mal in M, 2 mal in C). Im plur. stand *en*, wofür *in* (C 2825 *findin* und haufig -*an* gefunden wird, M 14 mal *en* 13 mal *an*, C 32 mal *an*, 1 mal *in*). Die schw. v. der II. conj. haben hier -*oie*, plur. -*on* und -*oien*, -*oian*. Das *j* wird auch *g* geschrieben.

Anm. Die länge des *e* in *es* und *en* ist nicht bezeugt. Die kürze des *e* im sg. 1. und 3. pers. wird auch die übrigen endungen mit urspr. langem *ê* beeinflusst haben.

c) Imperativ.

§ 260. Die 2. sg. imp. hat bei den starken verben kein suffix, nur die, welche ihr praesens mit *j* bilden, haben *i*; C *tiuh* M *teoh*, *mith*, M *seh* C *sih*, M *gef* C *gib*, *wes*, *wis*, — *sweri* u. s. w. Die schwachen *j*-verba bilden die 2. pers. sg. durch *i*, die *ó*-verba durch *o*, in M findet sich bei den verben der 3. kl. *e* und *a*:

mári, frumi, lésti, halo, M *hala, chabi,* M *habe, haba, saga* (C *sagi*).

§ 261. Die endung der 2. pers. pl. imperativ ist *-að, -ad, -at* (in C 1 mal *-et* und *-ent*) und bei den schw. v. der *ón*-classe *-oð*: *léstead, rûmeat, rómod, samnoð*; einmal in M *ont*: *mornont*.

d) Infinitiv und Gerundium.

§ 262. Der inf. praes. geht auf *-n* aus. Von den starken verben ist also der ausgang *an*, von den schw. v. der I. conj. *ian*, der II. conj. *ón*, die der III. conj. sind zu den *ian-* verben übergegangen, und auch einige der II. klasse. Neben *-ian* findet sich *an* so *hórian hóran* und *hebbian hebban*. Von einigen verben der II. klasse findet sich ein inf. auf *-an* neben *-on*: *hlinan* (Oxf. gl.) neben *hlinon* etc.

Anm. Die endung *en* für *an* findet sich häufig in M und in den kleineren denkmälern besonders bei den sw. verben (Germ. 31, 389).

§ 263. Das gerundium, gebildet durch das suffix *anja*, findet sich im alts. als *annia* und *anne*: Hel. C M *faranne, winnanne* C 4920 *winnianne,* 5347 *quellianne*; genitiv; Conf. *liagannias, sueriannias, cussiannias, flócanne.*

e) Participium praesentis.

§ 264. Das partic. praes. geht aus auf *andi*: Hel. *blícandi, liggiandi, farandi*, über die formen in der flexion s. § 218. In den Prud. gl. erscheint als ausgang *-anthi, -onthi*: *lerantheru, hangothion, weronthi*. Fr. H. 521 *in te gánde* hat das part. prs. die bedeutung des gerundiums.

2. Die flexion des praeteritums.

a) Indicativ.

§ 265. Die 1. und 3. pers. sg. des praet. indic. haben bei den starken verben keine endung.

Die 2. pers. sg. hat *i*: *farlieti,* C *bâdi* M *bêdi, sliti, sniði* M *sâhi* C *sâwi*.

Die schwachen verba haben in der 1. und 3. pers. sg. *a* (in M auch *e*) *gilóbda, lósda, lósde* (M). Die 2. prs. hat *es, as* und *os*: in M *habdes* (C *habdos* 3376) *mahtes, sendes* daneben C *mahtas, -os* in *fremilos. Dôn* hat *dedos, willian* 2. sg. *wildes* und *weldas* (C).

266—267. Flexion des praeteritum.

Die starken und schwachen verba haben beide im plur. 1. 2. 3. prs. den ausgang *un*, in C einige malen *on*, 1 mal *-an*.

b) Optativ.

§ 266. Die 1. und 3. pers. der starken und swachen verba haben *-i* (einige male *e* z. b. P. 1001 *gisawe*); die 2. pers. hat *-is*: C 5924 *námis*, C M *wáris*. Der plur. hat *-in* für alle personen. Das *i* war ursprünglich lang, ist aber im alts. wahrscheinlich schon gekürzt.

Participium praeteriti.

§ 267. Die participia praeteriti der nicht mit einem praefix zusammengesetzten verba werden gebildet durch vorfügung der partikel *gi-*, *ge-*; es finden sich noch einige ohne *gi-*: C *worďan*, *funden*, M *cumen*.

a) Die endung der partic. praet. der starken verba ist in den unflectierten casus *-an*, *-en* (*-en* nicht in C, häufig in M); die der sw. verba *-id*, *-ad*, *-od* welche später zu *-ed* werden. Die sw. verba wie *hebbian*, *seggian*, *libbian* welche ursprünglich zur III. kl. gehörten, fügen den endungsconsonanten unmittelbar an die wurzel: *hebbian gihabd*, *gihadd*, *seggian gisagd*, *libbian gilibd* etc. daneben aber *gihugid*. Die verba der I. kl. welche des praeteritum ohne mittelvocal bilden, haben neben der form *giwarht*, *giboht*, *gisald*, *gitald*, auch die mit der endung *-id*: *gilegid*, *gisendid*, *awekid*.

b) In den flectirten casus bleibt der vocal der endung bei den starken verben unverändert: *awahsane*, *gifarana*; einige male findet sich *e* oder *i*: *giworpenen* (Oxf. gl.), *gigedenon* (Prud. gl.), *gibakenas* (Fr. H.), *ilétene* (Mers. gl.), *forsekenun* (Mers. gl.), *brádine* (Oxf. gl.); auch *o* vor folgendem *o*: *fargriponon* (M) *gibolgono* (M) (C *gibolganu*). Bei den schwachen verben der I. klasse bleibt das *i* immer nach kurzer silbe: *ginerida*, *giskerida*. Bei einigen verben der III. klasse geht der themavocal verloren, daneben aber formen mit *i*: *gihugde* (M) *gihugida* (C). Bei den langsilbigen verben der I. klasse sollte in der flexion der regel nach der themavocal syncopiert werden, es finden sich aber auch formen ohne syncope besonder bei den verben deren stamm auf doppelconsonanz schliesst: *gifurvidemo*, *bidélida*, *gidiuride*, *gimahlida* (Ess. Ev. *gimehlida*); neben *útalósdaru, gibógdon, idómde* (Mers. gl.) *birópta* (Ess. gl.). Von den verben der II. klasse findet sich nur ein verbum mit syncopiertem vocal: *ferkópton*; die anderen bewahren das *ó* oder zeigen dafür *a: ungimédoda ungimélademu, gibrordade*.

Cap. II. Die bildung der tempusstämme der starken und schwachen verba.

1. Die starken verba.

§ 268. Im altgermanischen wird der unterschied der tempusstämme ausgedrückt durch den vocalwechsel der wurzelsilbe. Von den früheren unterscheidungen sind nur in den verben die ihr praesens mit *-ja* und mit *-na* bilden, wie *biddian, swerian, fregnan, standan*, spuren des früheren daseins eines praeses suffix auf zu weisen.

Der vocalwechsel zeigt sich in den tempusstämmen: Man hat zu unterscheiden; 1° den praesensstamm, wozu alle formen des praesens gehören; 2° den ersten praeteritalstamm, wozu die 1. und 3. sg. praet. ind. gehören; 3° den zweiten praeteritalstamm: die 2. sg. praet. ind., der plur. praet. ind. und der optativ praet.; 4° den stamm des partic. praeteriti.

§ 269. Der in § 86 schon erwähnte grammatische wechsel zwischen *th — d, f — b, h — g, h — w, h — ng* und *s — r* tritt in der flexion des verbum hervor, wo den zwei ersten tempusstämmen der erste consonant, den zwei letzten der zweite consonant gebührt, z. b. *líthan — lidun, heffian — hóbun, slahan — slógun, sehan — sâwun, was — wârun, kiosan — curun, farlihan*, partic. *farliwan*.

Durch das streben nach ausgleichung ist aber diese verschiedenheit der consonanten im einem tempus und selbst in einem verbum oft beseitigt, und es ist entweder der erste consonant oder der zweite der vorherschende geworden.

Aum. Die ursprünglichen zustände sind um so mehr verwischt als inlautendes *th, ð* und *d* in einigen hss., wie in M zusammengefallen sind, s. § 142 ff.

Es zeigen sich so unregelmässigkeiten bei *líthan* (M *lidan*) part. prt. C *gilithan* (M *giliden*), *mithan*, praet. ind. sg. C *méth* M *méd*, plur. C *mithun*

§ 275—277. Starke verba: III ablautsreihe.

a) die verba deren stamm auf nasal+nasal, oder nasal+consonant ausgeht, haben im alts. *i — a — u — u.*

b) die verba deren stamm auf *l, r*+consonant ausgeht, haben *e — a — u — o.*

§ 275. III^a. *i — a — u — u* hat z. b. *bindan — bindu — band — bundun — bundan, fithan,* woneben *findan — fand — fundun — fundan.*

Anm. 1. Hiernach gehen: *bindan* binden, *brinnan* brennen, *drinkan* trinken *fithan,* (*findan*) finden, *biginnan* beginnen, *rinnan* rinnen, *singan* singen, *springan* springen, *swingan* schwingen, *windan* winden, *winnan* arbeiten, *thinsan* (Prud. gl. *verthinse* subtrahat) ziehen, *thrimman* betrüben, *thringan* dringen, *thwingan* zwingen, wahrscheinlich auch *bithwindan* (Ess. gl. contendere).

Anm. 2. In Ess. gl. hat *winnan* part. prt. *giwunnian.*

Anm. 3. *biginnan* hat neben *bigan* in den Greg. gl. und Confessio eine neubildung nach *konsta* etc. *bigonsta.*

Anm. 4. *bringan* gehört, dem praes. und einem subst. *hêmbrung* (Oxf. gl. reditus) nach, hierhin; das praet. gehört aber der sw. conj. an: *brâhta.*

§ 276. III^b. *e — a — u — o* z. b. *werpan — wirpu — warp — wurpun — worpan.*

Anm. 1. Hierzu gehören: *belgan* (reflex.) zürnen, *bergan* bergen, *bidelban* begraben, *bifelhan* befehlen, *geldan* zahlen, *hellan* schallen, *helpan,* helfen, *hwerban* sich wenden, *sterban* sterben, *sweltan* sterben, *swerban* abwischen, *swerkan* dunkel werden, *biwellan* besudeln, *werthan* werden, *werpan* werfen, *werran* verwirren.

Anm. 2. Bei den meisten verba mit gramm. wechsel ist dieser sehr zerrüttet, *werthan* z. b. hat praet. sg. *warth, warđ, ward* und *wart,* plur. *wurthun, wurdun* etc., *bifelahan* praes. sg. C *bifilliu,* praet. sg. *bifalah* M, Oxf. gl. *bifal,* plur. *bifulhun,* part. prt. *bifolhan* Ess. gl. *bifolana; hwerban,* prt. sg. *hwarf* und *hwarƀ,* pl. *hwurƀun,* part. prt. *gihworƀan.*

Anm. 3. *u* als vocal des praesens hat *spurnan,* mit dem fusse stossen, nur belegt in Oxf. gl. *spurnandies* sternentis.

Anm. 4. Von *hellan* schallen ist nur die 3. pers. pl. prt. i. *hullun* (Oxf. gl.) belegt.

§ 277. Zu dieser klasse können auch gezogen werden diejenigen verba, welche auf zweifache consonanz (kein *r, l*) ausgehen. In einigen derselben steht *r* oder *l* vor dem wurzelvocale.

Diese sind: *bregdan,* knüpfen (prt. pl. *brugdun*), *brestan* bersten (prt. sg. *brast*), *fregnan* fragen (prt. sg. *gifragn gifrang* in C M, *gifran* C, pl. *frugnun* C M, *frognun* C), *lescan* erlöschen (*lescid* Strs. gl.), *fehtan*, *flehtan* (beide nur im praesensstamme belegt).

§ 278. Klasse IV. Im Gotischen *i — a — ê — u*, im alts. *ê, i — a — â — o*. Hierzu gehören die verba auf *l, r, m* oder auf *k*, meist mit vor dem vocal stehendem *r*, z. b. *brekan — briku — brak — brâkun — gibrokan; beran — biru — bar — bârun — giboran*.

Anm. 1. Dieser conjugation folgen: *beran* tragen, *fordwelan* versäumen, *helan* helen, *quelan* sterben, *sceran* scheren, *stelan* stehlen; — *brekan* brechen, *sprekan* sprechen, *wrekan* rächen; ohne *r*: *stekan — niman* nehmen, *giteman* ziemen und *kuman* kommen. *Kuman* hat im praesenstamme nur *kum-*, im praet. sg. *quam*, plur. *quâmun*, part. prt. *gikuman* und *kumen*.

Anm. 2. In *niman* erscheint nur vereinzelt *e*, meist *i*; *e* in M 1563 C 2332, 3284, 3778, 3887 *nemen*, Ess. gl. *nemad*. Das part. prt. ist *ginoman*, nur M 2290 *binumane* und Oxf. gl. *undarnumana* interrupta.

Anm. 3. *gisprekan* hat einige male in C *gisprekean* (142, 164, 1703, 2307).

§ 279. Klasse V. Im Gotischen haben die verba dieser klasse die ablautsreihe *i — a — ê — i*, im alts. *ê, i — a — â — ê: geban — gibu — gaf — gâbun — gigeban*.

Anm. 1. So gehen: *drepan* übertreffen (Prud. gl.) *geban* geben, *gedan* jäten (*g* für *j. s.* § 94) *gehan* sagen, *bi-, forgetan* erlangen, vergessen, *lesan* lesen, *ginesan* genesen, *plegan* verantwortlich sein, *quethan* sagen, *sehan* sehen, *tregan* reuen, *weban* weben, *wesan* sein.

Anm. 2. Der grammatische wechsel ist nur in wenig verben unversehrt bewahrt so z. b. in *wesan — was — wârun, sehan — sah — sâwun* aber daneben plur. prt. *sâhun*; *quethan* hat *quath, quâthun* in C, *queđan, quad, quâdun* in M, s. § 139 anm. 2; *lesan* hat *las, lâsun, gilesan*.

Anm. 3. Wie im Heliand *lisit* 3 praes. prs. i. von *lesan, gibit, sihid* hat in den Ess. gl. *fretan* in der 3ₑₙ pers. *fritid* daneben aber *genesid*. In der Hom. Freck. H. hat das *e* von *gibu, gibit* sich auch über den inf. und das part. prt. ausgebreitet: *givan, icgivan*.

§ 280. Folgende verba haben *j* im praesenstamme. Consonanten-gemination findet sich nur vor folgendem *j (i, e)*: *biddian, liggian* und *sittian*. Die zweite und dritte person sg. praesentis hat keine gemination: *bidis, bidit, ligiđ, sitit*. Der plur. *biddeat, liggead, sittiad*, praet. sg. *bad, lag, sat*, plur. *bâdun, lâgun, sâtun*, part. prt. *gibedan, gisetan*.

§ 281—283 Starke verba: VI ablautsreihe.

§ 281. Klasse VI. Im Gotischen hat diese klasse den ablaut $a — ô — ô — a$; im alts. $a — ô — ô — a$. Das $ô$ wird in einigen texten *uo* geschrieben, s. § 39.

Beispiele: *dragan — dragu — drôg* (C *druog*) *— drôgun* (C *druogun*) *— gidragan*.

Anm. 1. Zu dieser klasse gehören: *dragan* tragen, *faran* fahren, *bigraban* begraben, *hladan* laden, *lahan* tadeln, *malan* malen, *sakan* anschuldigen, *skakan* eilen, *slahan* schlagen, *spanan* locken, *thwahan* waschen, *wahsan* wachsen.

Anm. 2. Die verba auf *h* hatten grammatischen wechsel $h — g$; hierbei ist der consonant des plural auf den sg. übergegangen: *slahan — slôg — slôgun, thwahan, thuôg, lahan — lôg*.

Anm. 3. Diese verba haben umlaut des *a* in der 2en und 3en prs., nicht aber vor *hs*.: *wahsit*. Es erscheinen aber neben einander formen mit und ohne umlaut: *dregit, ferit* (häufiger *farit*), *hledit, lehit* (C) *lahid* (M), *slahit* (C) *slehit* (M), *spanit* und *spenit*, Taufgel. *forsachis*.

Anm. 4. *-en* statt *-an* in part. prt. hat Mers. gl. 4 in *forsekenun*, Prud. gl. *geslegenen*.

§ 282. Geminierten consonant vor dem *j*-suffix des praesensstammes haben *hebbian* M *heffian* C heben, *afsebbian* bemerken, *skeppian* (inf. praes. nicht belegt) schaffen, *steppian* gehen. Mit dem *j*-suffix ist auch gebildet *swerian* schwören.

Die flexion ist: inf. *afheffian* C (*afhebbien* M) neben 2 mal *hebbean* in C, praes. sg. 3 *ahabid*, prt. indic. sg. *hôf* und *hôb*, plur. *hôbun* part. prt. *ahaban*. Von *swerian* ist belegt prt. sg. *swôr* und part. prt. *forsworen* (Oxf. gl.), von *sebbian* der prt. indic. sg. *afsôf*, plur. *afsôbun*.

Da von *hlahhan* nur das prt. indic. pl. *hlôgun* und part. prt. *bihlagan* belegt ist, kann der inf. nur nach analogie von got. *hlahjan*, ags. *hliehhan* als *hlahhan* oder *hlahhjan* angesetzt werden.

Doppelconsonant im praesens hat *bakkan*; part. prt. findet sich *gibakenas* (Fr. H.).

§ 283. In *standan* gehörte der nasal ursprünglich nur zum praesens. Das praet. indic. sg. und plur. hat im alts. noch regelmässig *stôd, stôdun*; im part. prt. ist das *n* aber eingedrungen: *astandan*. Die 3e pers. sg. praes. ind. erscheint in C und M mit und ohne umlaut: *stendit* (4393), *standit* (4412) etc. Ess. gl. *stendit*.

B. Reduplicierende verba.

§ 284. Im altsächsischen sind bei diesen verben keine formen bewahrt, welche auf die alte reduplication zurückweisen. An die stelle der alten praeteritumbildung durch reduplication ist ein neuentwickelter ablaut getreten und so ist eine andere stammeinteilung eingetreten.

Die stämme des praesens und des particip praeteriti haben gleichen vocal und ebenso die des praet. singulars und plurals.

Der grammatische wechsel ist beschränkt, da der plural des praeteritums und das partic. prt. in übereinstimmung mit dem praet. sg. gebracht sind.

Diese verba werden nach dem vocal des praeteritum in zwei klassen geteilt. Die erste klasse hatte im praeteritum *é*, die zweite *io*; später wurde *é* zu *ie* und *ia*, aus *io* wurde *ia* und *ie*.

Anm. Vor liquida oder nasal + cons. wurde *é* verkürzt. (Beitr. I 506, G. Holz Urgerm. *é* etc. s. 38)

§ 285. Klasse I. Diese klasse wird in drei unterabteilungen geteilt, je nachdem der vocal des praesens ein *a* ist dem zwei consonanten folgen, deren ersterer ein nasal oder liquida ist, oder ein *â* ist, und drittens wenn der vocal des praesens *ê* ist (entstanden aus *ai*).

§ 286. I^a. Die verba dieser klasse haben *a* im praesensstamme vor zwei consonanten deren erster nasal oder liquida ist: z. b. *haldan — haldu — held — heldun — gihaldan, gangan — gangu — geng — gengun — gangan, wallan — wallu — well — wellun — giwallan.*

Anm. 1. So gehen: *fallan* fallen, *haldan* halten, *skaldan* stossen, *waldan* walten, *wallan* wallen; — *spannan* spannen; — *blandan* mischen, *fâhan* fangen, *hâhan* hangen, *gangan* gehen.

Anm. 2. Die auf geminierten consonant ausgehenden verba können den consonant vereinfachen im auslaut, haben aber meist doppelconsonant. *fel* (M) *fell* (C, einmal *fel* 2394), *wel* (M 2 mal) *well* (in C und M 4880); der vocal kann vor einfachem cons. lang gewesen sein.

Anm. 3. Die 2^e und 3^e prs. sg. haben umlaut, aber oft auch nicht: *fellit* (C), *fallid* (M), *giweldid* (M) *giwaldit* (C), *bewaldit* (Ps. C), *haldit* C M; immer *fâhid, vâid* (Str. gl.) Der sg. und plural praeteriti hat meist *e* aber auch *ie* und *i*: *hieldin* (C 130), *giwieldon* (C 344), *anwillun* (C 4073), *fieng* (7 mal in C gegen 11 *feng*) *fiengun* (C 953, 3674), *gieng* (13 mal in C sonst *geng*), *giengin* (C 1181), sonst überal *e*.

Anm. 4. In Gregor. gl. findet sich *fáen*, vermutlich partic. praet.,

§ 287—289. Reduplicierende verba.

als glosse zu *teneretur* oder plur. opt. praes. eine ungenaue übersetzung zu *tenerentur*.

§ 287. I^b. Die verba mit *â* im praesenstamme und einfachem consonant: *lâtan — lâtu — lêt — lêtun — gilâtan*.

Anm. 1. Hierzu gehören: *brâdan* braten, *antdrâdan* fürchten, *grâtan* weinen, *lâtan* lassen, *râdan* raten, *sâian* säen, *slâpan* schlafen, *thrâan* drehen und *biknêgan* erlangen.

Anm. 2. Das praet. hat mehrere *ie* für *ê*: C 6 mal *dried-driedun* gegen 2 mal *drêden*, (M immer *ê*), C *liet*, *lietun* ausgenommen 514 *farlêt* 4438 *lêtun*, 3848 *lêtin*, M *forliet* 702, sonst *ê* Mers. gl. *ilêtene*, C M *riedun* M 4470 *rêdun* C M *girêdi* und *giriedi*; Prud. *gibrâdan*, *gibrêd*, *gibrâdan*.

Anm. 3. *thrâan* ist nur belegt durch partic. praes. *thrâandian* in den Prud. gl.; von *sâian* (Ess. gl. *ofarsâgia* opt. praes.) findet sich sowohl ein praet. sg. *sêu* wie optat. praet. *sâidi*; auch in M begegnet ein inf. *sêhan* fur *sêan*. Wie *sêan* hat auch *biknêgan* das *ê* bewahrt und wie *sâian* im infinitiv *j* (*g*) bekommen.

§ 288. I^c. Diese sind die verba mit stammvocal *ê*, es sind: *hêtan — hêtu — hiet — hietun — gihêtan* (in M und Gregor. gl. *hêt*, *hêtun*,) und *skêthan — skêth — skêđun — giscêthan*; *skêthan* hat in C 2848 *scêđan* 2908 *scêđan*, 3^e sg. 4388 *scêdit*; in M nur *skêdan*, *skêdit*; das praet. sg. in Prud. gl. *ascêht* (für *ascêth*), part. prt. *giscêthan* (Fr. H.)

Anm. Ob C 5798 zu *ansciann* praet. sg. der infinitiv *anskênan* oder *anskannan* lautet, ist fraglich.

§ 289. Klasse II. Diese enthält die verba mit ursprünglichem *au* und die mit ursprünglichem *ô*.

II^a. Die verba mit urspr. *au* haben im praet. *io*, *ie*, *eo*. Es sind *hlôpan* — praet. indic. pl. C *hliepun* M *hliopun*, *stôtan* — prt. sg. *stiet* (Oxf. gl.) part. i. *testôtan* (Strsb. gl.), *hauwan* bewahrt *au* vor *w*, — praet. i. sg. *heu*, part. prt. *gihauwan*; *ôcan* schwängern, *ôdan* bescheren, *gibrôkan* gebeugt sind nur als participia belegt.

§ 290. II^b. Die verba mit *ô* haben im praet. *io*, *eo*, *ie*, *ia*: *hrôpan* rufen, praet. sg. *hriop* (M) *hreop* (C) *hriep* (C), plur. *hreopun* (C M) *hriopun* (M) *hriapun* (Ess. gl.), *wôpian* weinen praet. sg. *wiep* (C) *wiop* (M), plur. *wiopun* (C M), optativ *wiopin* (C M) *wêpin* (C 5520) von *swôgan* (vgl. Beitr. IX 286) ist nur der infinitiv, von *flôcan* ist nur das part. prt. *farflôcan* bewahrt.

Anm. 1. *hrôpan* hatte ursprünglich wie *wôpian* im praesens ein *j*-suffix.

Anm. 2. *Buan* wohnen, das ursprünglich zu der II. klasse gehörte, ist schwaches verbum geworden: inf. *bûan* (M) *bûon* (C), praet. sg. *bûida* (C) *bûide* (M).

2. Die schwachen verba.

§ 291. Die schwachen verba werden eingeteilt in 3 klassen: 1) die *ja*-klasse, 2) die *ô*-klasse, 3) die *ai*-klasse.

Von den drei stämmen, praesens-, praeteritum- und particip praeteriti-stamm sind die beiden letzten meist übereinstimmend. In vielen verben ist aber kein unterschied zwischen den stämmen.

Anm. Das praesensbildende *j*-suffix, das ursprünglich allen klassen eigen war, ist schon früh bei der 2 und 3 klasse geschwunden: teilweise hat es sich aber erhalten: z. b. *hebbian, seggian, tholian,* u. a. (Behaghel Grundriss d. germ. Phil. I, 601).

A) Erste schwache conjugation.
Die verba auf jan.

§ 292. Diese verba sind: 1) Kurzsilbige, wozu auch gehören die, welche ursprünglich kurzsilbig durch consonantengemination vor *j* langsilbig geworden sind, z. b. *fremmian, settian* und die auf *r* welche das *r* nicht verdoppeln *nerian*, 2) langsilbige; 3) verba, welche schon im altgermanischen die endung des praeteritums und partic. praet. ohne mittelvocal an die wurzelsilbe fügten.

1. Die kurzsilbigen verba.

§ 293. Diese verba haben das *j* im infinitiv, particip und 1e pers. sg. und plur. praesens; die 2e und 3e person fügen -*is* und *ið* an die wurzel, z. b. *fremmian*, 1e sg. *fremmiu*, 2e sg. *fremis*, 3e sg. *fremið*; das praeteritum wird gebildet durch hinzutritt der endung *da* hinter den stamm in der 1en und 3en pers. sg., in der 2en pers. sg. -*dos*; im plur. -*dun* (-*don*), und -*d* im part. prt. unflect. form. Abweichende form des praeteritum haben *leggian* und einige verba, deren wurzel auf *d* oder *t* endet; diese haben als endung -*da*, welches sich einem vorausgehendem *t* assimiliert.

§ 294. Kurzsilbige verba, deren praet. auf *ida* belegt ist: *burian* sich zutragen, (praet. indic. *giburida*), *dunnian* dröhnen, (*dunida*), *ferian* schiffen, *fremmian frummian* thun, *hrissian* beben, *nerian* retten, *quellian* quälen, *rekkian* erzählen, *skerian* zutheilen, *answebbian* entschlafen, *farterian* verzehren, *thennian* auswerfen, *weggian* bewegen, *werian* wehren, *wennian* sich gewöhnen *gewenida*.

Anm. Von *dunnian*, *hrissian*, *answebbian*, *thennian*, *weggian* (nur *wegida* Oxf. gl., *giwagit* Strsb. gl.) ist der inf. nicht belegt, möglich ist es dass *dunnian* u. s. w. einfachen consonant haben, wie auch im ahd. und ags. vereinzelt solche gefunden worden (Braune Ahd. Gr. § 358 anm. 1, Sievers Ags. Gr. § 400 anm. 2).

§ 295. Praeteritum auf -*da*, -*ta* haben: *leggian*, legen, praet. indic. C *lagda* (3 mal) *legda* (381) *ledda* (4901), M *legda*, partic. praet. *gilegid* (s. § 301 und Beitr. VII, 478); *lettian* verhindern, C *latta* (5642) *letta* (3724) M *letta*, *queddian* grüssen, anreden, C *quedda* M *quedda* und *quadda*; *settian*, setzen, C *setta* (2 mal) *satta* (2 mal) M *setta*, partic. *gisettemo* (Oxf. gl.) und *scuddian* schütteln, praet. pl. *scuddun* (Oxf. gl.), *writtian* schreiben *ritta* (Ess. gl).

§ 296. Nicht belegt ist das praeteritum der verba: *brennan* (part. *gibrand* Prud. gl.) brennen, *derian* schaden, *bihellian* verhüllen, *hettian* verfolgen, *bihullean* verhüllen, *iukkian* jücken, *niwian-nīgean* neu machen, *skeppian* schöpfen, *slekkian* stumpf machen, *tholian* erdulden, *giwellian* einrollen (part. prt. *giwelid*), *wreðian* stützen.

2. Die langsilbigen verba.

§ 297. Bei diesen verben zeigt sich das suffix *ian* im infinitiv. Die 1e pers. praes. indic. hat als endung *iu*, 2e *is*, 3e *ið*, der plur. *iað*; das praet. fügt der regel nach *da*, und bei harten explosiven *ta* hinter die wurzel. Es finden sich indess viele, bei denen das suffix nicht -*da* sondern -*ida* lautet; bei einigen ist schwanken zwischen beiden wahrnehmbar; die, deren stamm auf doppelconsonanz endet, ziehen die endung -*ida* vor.

§ 298. Die endung -*da* (-*ta*) im praet. haben: *bêtian* — *umbétte* desiluit (Oxf. gl.), *bôtian* ausbessern *bôtta*, *diurian* preisen *diurda* (daneben C 83 *diurida*), *dôpian* taufen *dôpta*

§ 298, 299. Schwache verba: I conjugation.

(C 954 *dôpida*), *drôbian* betrübt werden *drôbde* (C *druouoda*), *fellian* fallen machen *fellda*, *fôdian* nähren *fôdda*, *gifôlian* wahrnehmen *gifôlda*, *fôrian* führen *fôrda*, *gifullian* erfüllen *giful(l)da*, *biglêdian* wankend machen *biglêdda*, *grôtian* grüssen *grôtta*, *heftian* fesseln *hefta*, (Ess. gl. *hehtun*), *hêlian* heilen *hêlda* (Segenspr. *gihêlda* und *gihêlida*) *hôrian* hören *hôrda*, *kennian* erkennen *antkenda*, *kûmian* beklagen *kûmda*, *kussjan* küssen *kusta*, *cûthian* künden, *cûthda* und *cûdda*, *lêbian* übrig lassen *lêfda* (Ess. gl.) *lêdian* führen *lêdda*, *lêstian* befolgen *lêsta* (C 2856 *lestida*), *liuhtian* leuchten *liuhta*, *gilôbian* glauben *gilôfda*, *lôsian* lösen *lôsda*, *mahlian* sprechen, *gimahalda* neben *gimahlida*, *mênian* meinen *mênda*, (Ess. gl. *meinda*), *merrian* ärgern *merda*, *mendian* sich freuen C *menndun* M *mendiodun*, *môtian* begegnen *môtta*, *nôdian* nötigen, zwingen *nôdda*, *rihtian* aufrichten *rihta*, *rûmian* räumen *rûmda*, *senkian* senken *sencta* (Ess. gl.) *bisenkidun* (C), *bisinkodun* (M), *sendian* senden, *sende* und *sanda*, *sônian* sühnen *gisônda*, *strîdian* streiten *strîdda*, *tômian* befreien *tômda*, *trôstian* trösten *trôsta*, *walkian* (oder *welkian*) sich wälzen, alttestamentisch erkennen (vom beischlaf gesagt) *walcta*, *wânian* wähnen *wânda*, *wendian* wenden, *wêgian* quälen *wêgda*, *werdian* verderben *awerda*, *wihian* segnen (C 2854 *wihda*, Conf. *wieda* C M *wihida*) *wîsian* zeigen, *wîsda*, *wrôgian* anklagen *wrôgda*.

§ 299. Praeteritum auf *-ida* haben: *ahtian* meinen (Mers. gl. *attedun*), *antwordian* antworten C 3305 *andwordeda*, 3375, 5382 *andwordida*, M *andwordiade*, pl. C M *andwordidun*, *beldian* kühn machen *beldida* und *gibelda*, (Prud. gl.) *antbermian*, *andbermida*, *bôknian* bezeichnen *bôknida*, *diurian* preisen *diurida* in C, sonst *diurda*, *dôpian* taufen *dôpida* neben *dôpta*, *drucnian* trocknen *drucnida*, *felgian* belegen *felgida*, *gerwian* bereiten *gerwida*, *gihêlian* heilen *gihêlida* neben *gihêlda* (Segenspr.), *hîwjan* verkehr haben *gihîwida*, *hnêgian* senken *hnêgida*, *hnêhian* wiehern (Prud. *hnêthida*, *gihwerbian* kehren *hwerbida*, *lêstian* befolgen *lêstida* neben *lêsta*, *lôgnian* läugnen *lôgnida*, *mahlian* sprechen *gimahlidun* plur. neben sg. *gimahalde* M *gimalda* C, *mârian* rühmen *mârida*, *nâthian* streben *nâthida*, *nâhian* nahen *nâhida*, *rûnian* raunen (oder zur III^en klasse gehörig) *rûnadun* (Ess. gl.) *strôian* streuen *strôidun* C *streidun* M, *strûbian* strüuben *strûvide* (Oxf. gl.), *têcnian* zeichnen *têcnida*, *twîflian* zweifeln *twî-*

flida, *thrâsian* schnauben *thrâsida* (Oxf. gl.), *wernian* wehren *wernida*, *wîhian* segnen *wîhida*, *wîeda* (C 2853 *wihda*), *wrêthian* sich erzürnen *wrêthida*.

§ 300. Hierzu gehörige verba, deren praeteritum nicht belegt ist: *âhtian* nachstellen, *gibârian* sich benehmen, *bêdian* zwingen, *blîdsean* fröhlich machen, *blôian* blühen, *blôdian* furchtsam machen, *bôgian* beugen, *utbôsmian* exsinuare, *brêdian* sich ausbreiten, *brêvian* (Prud. gl.) aufschreiben, *brustian* aufbrechen, *dernian* verbergen, *adôgian* ertragen, *dômian* urteilen, *drômian* träumen, *afêhian* töten, *festian* befestigen, *fillean* schlagen, *utflôtian* fortschaffen, *forhtian* fürchten, *fôgian* fügen, *frôbrian* trösten, *fûhtian* befeuchten, *fullsêtian* helfen, *furvian* putzen, *fûsian* streben, *angeldûan* strafen, *gernean* (M *gigirnan*) begehren (erlangen), *glôian* glühen, *gômean* acht haben, *herdian* stärken, *ahlûdian* verkünden, *hrômian* rühmen, *gihrôrian* rühren, *gihungrian* hungern, *îlean* eilen, *irrian* verwirren, *kelkjan* mit kalk weiss machen, *kembian* kämmen, *klemmian* einschliessen, *farlêbian* übrig lassen, *lêthian* verleiden, *lubbian* heilen (particip praet. *gilubbid* Prud. gl.), *lustian* gelüsten, *mêdian* bezahlen, *gimêdian* kaufen, *mildian* largior, *mornian* (neben *mornon*) bekümmert sein, *farmôdian* verschmähen, *niusian* versuchen, *ôbian* feiern, üben, *ôgian* zeigen, *ôkian* vermehren, *quelmian* töten, *quiđian* wehklagen, *restian* ruhen, *birôpian* raufen (Lind. Ess. gl. *birôpta*), *sêgian* sinken machen, *sêrian* bedrängen, *biscermian* beschützen, *gisculdian* sich schuldig machen, *farscundian* antreiben (Oxf. gl. *giscund* incensus), *slôpian* schlüpfen machen *thurhslôpian* durchschlüpfen lassen, *spildian* töten, *sterkian* stärken, *gistriunian* schmücken, *stukkian* zerreissen, *sûlian* (C *sulwian*) besudeln, *gitiunian* schade thun, *bithempian* beräucheren, *athengian* vollbringen, *verthingian* zufrieden stellen (parsci Oxf. gl.), *wâdian* bekleiden, *giwaragian* strafen, *wenkian* abweichen von, wanken, *wermian* wärmen, *wertherian* schätzen, *wlenkian* übermütig machen, *wlotan* (hierher oder stark redupl?) tranare (Oxf. gl.), *wrôhtian* (Ess. gl. *giwrohtid*) hadern, *worrian* verwirren, *awôstian* verwüsten. In den Prud. gl. *gitriuwid* foederatus.

Anm. 1. *Bûan* wohnen (C *bûon*), praet. *bûida* (C *bûide*) weist keine formen der starken flexion mehr auf, s. § 290 anm. 2.

Anm. 2. *Kêran* (urspr. *kêrian* oder *kêron?*) hat in den Prud. glossen praet. *kierta* (hd. glosse) und particip *bikierl uuerthan* inverti.

3. Die verba ohne mittelvocal im praeteritum.

§ 301. Die verba, welche schon im urgermanischen das praeteritum und particip praeteriti ohne mittelvocal bildeten, weisen nur im praesens umlaut des umlautfähigen vocals auf; nicht im praeteritum und particip. praeteriti.

Die kurzsilbigen sind: *buggean*, kaufen, praet. nicht belegt, part. prt. *giboht*; *huggian* denken praet. sg. *hogda* und *hugda*, pl. *hogdun, hugdun*, part *gihugid, gihugide* und *gihugde* s. § 311; *leggian*, legen, praet. *lagda lagdun* nur in C, in C daneben einmal *legda*, in M *legda* und einmal *ledda*, partic. praet. *gilegid*; *rekkian* erzählen hat *rekida* s. § 294; *seggian* sagen praes. sg. 2 *segis*, praet. *sagda* s. § 311; *sellian* übergeben *salda, gisald, settian* setzen, *satta* neben *setta* s. § 295, *gisettemo*; *stellian* setzen, praet. nicht belegt, partic. *gistellit*; *tellian* erzählen, *talda, gitald*; *thiggian* bitten hat im praet. nur *thigida*; *wekkian* wecken hat praet. *wahta* und *wekida*, particip. *awekid*. Von *bithekkian* bedecken ist nur der inf. belegt.

Anm. Ein partic. praet. *gispandan* (acc. sg.) lacte depulsum findet sich Prud. gl. 54ᵈ, Praes. und Praet. sind nicht überliefert.

§ 302. Die langsilbigen sind: *brengian* woneben im inf. *brengan* und *bringan* bringen, praet. *brâhta*, particip. *gibrâht*; *rôkian* sich kümmern; *sôkian* suchen, praet. *sôhta*; *thenkian* denken, praet. *thâhta*; *wirkian* arbeiten, praet. C *warahta*, M *warhta*, Ess. gl. *warta*, particip. *giwarht*.

Anm. In Greg. gl. 127 *bithanki* discutite.

Die flexion der verba der 1ᵉⁿ klasse.

§ 303. Als paradigmata der kurzsilbigen können gelten *nerian* retten und *fremmian* thun, der langsilbigen *hôrian* und *léstjan*; paradigma der verba ohne themavocal *tellian*. Wo nicht alle formen sich vorfanden, sind sie nach analogie anderer aus andern verben construirt.

§ 303. Schwache verba: I conjugation.

Praesens.
Indicativ.

Sg. 1.	neriu	fremmiu	hòriu	lèstiu	telliu
2.	neris	fremis	hòris	lèstis	telis, talis
3.	nerid (d, t)	fremid (d, t)	hòrid (d, t)	lèstid	telid, talis
Pl. 1. 2. 3.	neriad (d, t)	fremmiad (d, t)	hòriad (d, t)	lèstiad	telliad

Optativ.

Sg. 1. 3.	nerie	fremmie, -ea	hòre, -ie	lèstie, e	tellie
2.	neries	fremmies	hòres, ies	lèsties	tellies
Pl. 1. 2. 3.	nerien, -ian	fremmien, -ian	hòrien, -ian	lèstien, -ean	tellian

Imperativ.

Sg. 1.	neri	fremi	hòri	lèsti	tala, tali
Pl. 2.	neriad	fremmiad	hòriad	lèstiad	telliad

Infinitiv.

nerian -ean   fremmian -ean   hòrian -ean   lèstian -ean   tellian -ean

Participium.

neriandi, e   fremmiandi, e   hòriandi, e   lèstiandi, e   telliandi, e

Präteritum.
Indicativ.

Sg. 1. 3.	nerida	fremida	hòrda	lèsta	talda
	neridos	fremidos	hòrdos	lèstos	taldos
Pl. 1. 2. 3.	neridun	fremidun	hòrdun	lèstun	taldun

Optativ.

Sg.	neridi	fremidi	hòrdi	lèsti	taldi
Pl.	neridin	fremidin	hòrdin	lèstin	taldin

Participium.

Sg.	ginerid	gifremid	gihòrid	gilèstid	gitald
Pl.	ginerida	gifremida	gihòrda und gihòrida	gilèsta	gitalda

Anm. 1. Die 3e plur. ind. praes. hat *ent* in Prud. gl. *utbòsment* u. a.

Anm. 2. Von den partic. der verba auf *d* und *t* sind nur belegt *gimelt* von *meltian* malzen, *gimèdda* von *gimèdian* kaufen, in flectierter form *gimeltas* u. s. w.

Von anderen langsilbigen sind die part. prt. *idòmde*, *iwègde* in den Mers. glossen belegt; in den Prud. glossen *alòsda*.

B) Zweite schwache conjugation.
Verba auf -on.

§ 304. Das *o* ist in diesen verben ziemlich fest. Einige sind im infinitiv in die 1e conjugation übergetreten. Unter diesen verben befinden sich auch einige welche der 3en conjugation angehören. In einigen verben wechselt noch die alte endung *oian* mit *on*.

Anm. Das *o* war ursprünglich lang; im alts. aber wahrscheinlich nicht mehr.

§ 305. Kurzsilbige auf *on* sind: *undarbadon* erschrecken, *baron* entblössen, *bedon* beten, *bibon* beben, *drubon* betrübt sein, *friđon* schützen, *gebon* (*geboian*) schenken, *geron* begehren, *fargumon* vernachlässigen, *halon* holen, *haton* hassen, *hlamon* rauschen, *hlinon* (*hlinan* Oxf. gl.) lehnen, *hnibon* klagen, *karon* klagen, *klagon* klagen, *labon* luben, *bilamon*, lähmen, *libon*, *lebon* leben (s. § 311), *lobon* loben, *makon* (Prud. gl. *makan*) machen, *manon* mahnen, *markon* bestimmen, *namon* nennen (M *nemnian*), *aquikon* lebendig machen, *rekon* in ordnung bringen, *roton* rosten, (*h*)*antslagon* aufschlagen, *scathon* schaden thun, *scricon* hüpfen, *spilon* sich hin und her bewegen, *smithon* schmieden, *bistadon* vermiethen, *giswilon* sich mit schwiele bedecken, *talon* berechnen, *thagon* (neben *thagian* s. § 312) schweigen, *tholon* (*tholoian* und *tholian*) dulden, *vegon* fegen (*vegadun*), *wacon* (*wacoian*) wachen, *waron* acht haben, *wonon* (*wunon*) wohnen.

Anm. Ob Ess gl. Luc. 19, 24, *ec hopa* einen inf. *hopon* hat ist unsicher.

§ 306. Verba mit langer wurzelsilbe und zweisilbige: *ahton* (*ahtoian*) achten auf, *gialdrod* gealtert, *ardon* bewohnen, *armon* arm sein, *arnon* ernten, *giârundien* C (*giârundian* M) ausrichten, *bîdon* warten (M 4947 neben *bîdan* st. v.), *bliđon* fröhlich sein, *drusinon* abfallen, *endon* (neben *endion*, *endian* M) enden, *giêknon* (Ess. Gl.) sagen, *giênon*, faciem firmare conspirare, sich richten, *êron* ehren, *êskon* (in Mers. gl. *aeschiađ*) fragen, *faganon*, *faginon*, *faganon*, *fagonan* sich freuen, *fandon* versuchen, *fastnon* festigen, *fâron* M *faran* C auflauern, *gifêhon* ausstatten, *farfêhon* verderben, *fergon* bitten, *fiskon* fischen, *flêon* flehen, *folgon* (s. § 311) *folyan*, *folgoian* folgen, *forhton*, *forhten* und *forhtian* (§ 300) fürchten, *formon* helfen, *frâgon*

§ 306. Schwache verba: II conjugation.

(*frâgoian*, *frâgan* s. § 311), *fratahon* schmücken, *frêson* versuchen, *frôdon* altern, *fullon* (*fullian*) erfüllen, *fundon* streben, *galpon* sich rühmen, *gnornon*, *gornon* trauern, *hafton* haften (*heftian* fesseln), *halton* hinken, *handlon* handeln, *hangon* hangen, *hêlagon* segnen, *hlûdon* tönen, *hrêon* beerdigen, *hripson* tadeln, *hwarbon* gehen, *iduglônon* vergelten, *acaldon* erkälten, *kitilon* kitzeln, *koston* (*costan* M) kosten, *kólon* kaltwerden, *gikunnon* erkennen, *lâcnon* heilen, *langon* verlangen, *lêbon* übrig bleiben, *lêhnon* entleihen, *lêthon* leid thun, *likon* gefallen, *likkon* (C *leccon*) lecken, *lînon* lernen, *lônon* lohnen, *lôson* (*lôsian*) lösen, *mangon* handel treiben, *mâlon* zeichnen, *gimarcon* zuweisen, *gimédon* nützen, *meldon* anzeigen, *minson* klein machen, *mornon* trauern (*mornian* opt. praes. C 1869 *bimurnie*), *mundon* helfen, *muniton* prägen, *ginâthon* vergeben, *giniudon* sich erfreuen, *niuson* (*niusian*) versuchen, *opanon*, *oponon* öffnen, *raskiton* funkeln, *rethinon* rechenschaft ablegen, *ripon* reifen, *rôbon* rauben, *rômon* streben, *salbon* salben, *samnon* (*samnoian*) sammeln, *seginon* segnen, *sicoron* sicher machen, *bisinkon* (*senkian*) senken, *sîthon* gehen (*sîthan* Ess. gl.), *skauwon* (*scauwoian*) schauen, *scoton* aufschiessen, *skrankon* schränken, *sorgon* sorgen, *sprúton* spriessen, *stamaron* stammeln, *steppon* notare (Oxf. gl.), *stillon* ruhig werden, *sûbron* reinigen, *temperon* müssigen, *timbron* (daneben Ps. predigt 57 part. prt. *getimberid*) bauen, *trûwon* vertrauen, *twîthon* gewähren, *twéhon* zweifeln, *twîflon* zweifeln (*twîflian*), *thakolon* streicheln, *thankon* danken, *tharbon* entbehren, *thiabon* stehlen, *thingon* verhandeln, *thionon* dienen (*thionoian*), *thorron* (*tharon*) verdorren, vergehen, *githrôon* bedrohen, *wandlon* verwandeln, *wankon* wanken, *wardon* schauen auf, sorgen für, *giwâron* bewahrheiten, *wehslon* (*wehslian*, *wehslan*) tauschen, *giwerdon* ehren, *werkon* arbeiten, *werson* corrumpere, *witnon* strafen, *wison* besuchen, *wundron* (*wundroian* C *wundraian* M) sich verwundern.

Die von substantiva auf -*ia* abgeleiteten verba haben *ion*: *gibârion* sich betragen, *endion* enden, *minnion* lieben, *rethion* sprechen, *sundion* sündigen.

§ 307. Das praeteritum wird gebildet durch -*oda*, *ada*; *oda* ist die gewöhnliche form, *ada* erscheint nur in:

vêgadun Oxf. gl., *fagonada* (M) neben *fagonoda*, *fragade* (C) neben *frâgoda* (M und Ess. gl.), *segnade* (M) neben *segnoda* (C); in *brordade* (Oxf. gl.), *antslagada* (Prud. gl.) u. a.

§ 308. Das part. praet. hat als endung *od, ad, ed*: *giminsod giniudot, gisamnod, gimanod, forthianad.* etc. Zu *stillon* findet sich Ess. gl. 88ᵃ ein partic. *gistild*.

§ 309. Abweichende formen hat *côpon* kaufen: im Heliand *côpon* part. prt. *gicôpot*, Prud. gl. *gicôpid, ferkôpton*, Ess. gl. *ferkôft*.

Die flexion der verba der zweiten klasse.

§ 310. Paradigma *thionon* dienen.

Praesens.

	Indicativ.	Optativ.	Imperativ.
Sg. 1.	thionon	thiono, -oie	thiono
2.	thionos	thionos	thionod (d, t), -ont
3.	thionod (d, t)	thiono, thionoie	
Pl. 1, 2, 3.	thionod (d, t), -ond	thionon, thionoian	

Infinitiv.   Participium.
thionon, thionoian   thionondi

Gerundium.
thiononne.

Praeteritum.

	Indicativ.	Optativ.
Sg. 1. 3.	thionoda	thionodi
" 2.	thionodos	thionodi
Plur. 1. 2. 3.	thionodun	thionodin

Participium.

Sg. githionod, -ad
Plur. githionoda

Anm. 1. Die 3ᵉ sg. prs. i. *-at* erscheint in *rotat* (M), die 3ᵉ pl. auf *-ond* in *tholond* (C), *gornond* (C).

Anm. 2. Der plur. imperat. hat in M *-ont* in *mornont*.

Anm. 3. Die 2ᵉ sg. prt. ind. ist nicht belegt.

C) Dritte schwache conjugation.

§ 311. Die zu dieser klasse gehörigen verba sind teilweise

§ 311—314. Schwache verba: III conjugation.

in die erste, teilweise in die zweite klasse übergetreten, von einigen sind noch formen der alten é-conjugation bewahrt. Statt des é ist vielfach a eingetreten.

Hierzu gehören: *hebbian* (C 2892 *hebban*), sg. praes. i *hebbiu* (C 933 *habbiu*), 2 sg. *habes habis* (C) *habas* (M), 3 sg. *habeð* (M) *habad* (M) *habit* (C), 1, 2, 3 plur. *hebbed* (Ps. Com.) *hebbiat* (C M) *habbiad*, opt. praes. sg. *hebbie, hebbea* (M), *hebbe* (Fr. H.) plur *hebbean*; praet. i. sg. 1, 3 *habda, habda, hadda* (Hom. Beichte etc.), 2 sg. *habdos, habdes* (M), 1. 3 plur. *habdun habdun, haddun*; opt. 1, 3 sg. *habdi, habdi*, plur. *habdin habdin*; Imper. 2 sg. *habe, haba* (M) *habi* (C), plur. *hebbeað hebbiat*; Partic. praet. *behabd, behadd* (C).

Libbian, libban (C 3382) leben; praes. 3 sg. *lebot* (C) *libod* (M), plur. *libbeað* (C M) *libbiod* (C), opt. sg. *libbe* (C) *libbie* (C) *libbea* (M); praet. indic. pl. 3 *libdun*, opt. 3 sg. *libdi* plur. *lebdin* (M) *libdin* (C), part. praes. *libbiandi, libbendi* (C), part. prt. *gilibd*.

huggian denken weist in *hogda, hogdun*, imp. pl. *gihuggent*, neben *gihuggiu, hugda, hugdun*, part. *gihugid*), *seggian* in *saga* (imper.) *sagas, sagad, sagda, sagdun* neben *sagis, segis, sagit*, imper. *sagi* formen dieser flexion auf; so auch *frágada* (C) neben *frágoda, rûnadun* Ess. gl., *hlinandi* (Oxf. gl.); nur im inf. ist belegt *gihônen* (Oxf. gl.).

§ 312. Andere wie *thagian, folgan, hangon, haton, mornon, sorgon, talon, tholon, wakon, wonon*, sind ganz in die zweite klasse herübergetreten; *thrégian* und *tilian* sind nur im infinitiv belegt.

3. Die unregelmässigen verba.
a) Verba praeterito-praesentia.

§ 313. Diese verba entsprangen aus starken verben, deren praeteritum praesensbedeutung angenommen hatte. Das eigentliche praesens gieng verloren, und das alte praeteritum wurde zum praesens. Dazu bildete sich ein neues praeteritum, der flexion der schwachen verba ohne bindevocal folgend.

§ 314. Da sie ursprünglich stark waren, weisen diese verba im praeterito-praesens vocale der ablautsreihen der starken verba auf; auch im praeteritum sind in *mohta* neben *mahta*, *walda* neben *wolda* noch überbleibsel des ursprünglichen ablauts erhalten.

Anm. Ueber *e* in *welda* (umlauts-*e*) s. Sievers Beitr. IX, 562 ff, vgl. § 22 anm.

§ 315. Erste ablautsreihe:
witan, witen (C 4063 *witon*) wissen. Praes. indic. 1. 3. sg. *wêt*, 2 sg. *wêst*, 1. 2. 3 plur. *witun*; opt. sg. *witi*, plur. *witin*; praet. ind. sg. *wissa, wisse,* plur. *wissun*; opt. sg. *wissi* plur. *wissin*.
êgan haben. Praes. indic. pl. *êgun*; opt. sg. *êgi*, plur. *êgin*; praet. i. sg. *êhta, êhte,* plur. *êhtun*; opt. sg. *êhti.*

Anm. In Ess. gl. Luc. 22, 36 *the thes naihun,* glosse zu *qui non habent.*

§ 316. Zweite ablautsreihe:
dugan nutzen. Praes. i. sg. 3 *dôg*, plur. *dugun*; opt. sg. *dugi*, plur. *dugin.*

§ 317. Dritte ablautsreihe:
unnan gönnen. Praet. 3 sg. *onsta.*
thurban bedürfen. Praes. i. 1. 3. sg. *tharf*, 2 sg. *tharft*, plur. *dhurbun, thurfun* (Mers. gl.) opt. plur. *thurbin*; praet. ind. sg. *thorfta, thorfte,* plur. *thorftun*; opt. sg. *thorfti*, plur. *thorftin* (Ess. gl.).
kunnan können. Praes. indic. 1. 3 sg. *kan*, 2 sg. *canst*, plur. *cunnun*; Praet. i. sg. *consta, conste*; opt. sg. *consti* (M), *cunsti* (C).
durran wagen. Praes. indic. sg. *darr* (*darr* C 2121); praet. i. sg. *dorsta, -e,* plur. *dorstun*; opt. sg. *dorsti, -e,* plur. *dorstin.*

§ 318. Vierte ablautsreihe: *sculan* sollen. Praes. i. 1. 3 sg. *scal*, 2 sg. *scalt*, plur. *sulun, sculan*; opt. sg. *sculi*, plur *sculin*; praet. i. sg. *scolda,* pl. *scoldun*; opt. 1. 3 sg. *scoldi* sg. 2. *scoldis,* plur. *scoldin.*

munan gedenken, *farmunan* verachten. Praes. i. 3 sg. *farman* 2 sg. *farmanst*; opt. plur. *munin*; praet. i. 3 sg. *farmonsta* (C) *farmunsta* (M), plur. *farmuonstun* (C); opt. 2 sg. *farmunidis* (Prud. gl.).

§ 319. Fünfte ablautsreihe:
mugan vermögen. Praes. i. 1 sg. *mag*, (C 4082, 4691 *mah*), 2 sg. *maht* (in C meist combiniert *mahtu*), 3 sg. *mag* (C 5 mal *mah*), 1. 2. 3 plur. *mugun*; opt. 1. 3 sg. *mugi*, 2 sg. *mugis*, plur. *mugin*; praet. i. 1. 3 sg. *mahta, mohta, mahte, mohte*; 2 sg. *mahtes, mahtas* (C), plur. *mahtun, mohtun*; opt.

1. 3 sg. *mahti, mohti*, 2 sg. *mahtis, mohtis* plur. *mahtin, mohtin*.

§ 320. Sechste ablautsreihe:
môtan dürfen. Praes. i. 1. 3 sg. *môt*, 2 sg. *môst*, plur. *môtun*; opt. 1. 3 sg. *môti*, 2 sg. *môtis*, plur. *môtin*; praet. i. 1. 3 sg. *môsta, môste*, plur. *môstun*: opt. 1. 3 sg. *môsti*, plur. *môstin*.

b) Verba auf -mi.

1. Das verbum substantivum.

§ 321. Das praesens indicativ und optativ sind von den stämmen *bheu* und *es* gebildet; der infinitiv, imperativ und das praeteritum enthalten formen des verbum *wesan*.

Praesens.

	Indicativ.	Optativ.
Sg. 1.	bium, biun	sî
2.	bist, bis	sîs
3.	ist, is	sî, wese
Plur. 1. 2. 3.	sind, sindun, -on, sundon	sîn

Praeteritum.

Sg. 1. 3.	was	Sg. 2. wâris; 1. 3 wâri
Plur. 1. 3.	wârun	Plur. 3. wârin

Imperativ.		Gerundium.
Sg. 2.	wis, wes	te wesanne.
Plur. 2.	wesad, wesat.	

Anm. 1. Die 1e sg. lautet M *bium*, C *biun* in D 481 *bion* und C 2184 *bium*; die 2e sg. hat in C 3987 *bis*, die 3e sg. hat in C meist *is*, auch 40 mal *ist*, in M 6 mal *ist*; im plur. findet sich *sindun* einmal in M (4392), 6 mal in C, 2 mal in Freck. H. einmal Ps. Pred., *sundon* Fr. II. Im opt. sg. 3 findet sich neben *si* in M und C zweimal *wese*.

Anm. 2. Mit *ne* verschmolzen *is* und *ist* zu *nis*, *nist*.

2. Das verbum *dôn*.

§ 322. *Dôn* flectiert folgender weise:
Infinitiv. *dôn* (M einmal) *doan* (M 1) *doen* (M 1) *duan* (M 3 C 3) *duon* (C 4); Gerund. *duonne* (Ps. C).

Praesens indic. sg. 1 *dôm* (M 2), *duom* (M 2) *dôn* (M 1 conf. 1) *duon* (C 7); sg. 2 *dôs* (M 1) *duos* (M 2 C 4); sg. 3 *dôt* (M 7) *duot*, -d (M 15, C 24), *dôit* (C M 1), plur. 1. *dôan* (M 1), *duan* (C 1), *duat* (M 2) *duot* (C 2), plur. 2 *dôt* (M 2) *duat*

§ 323—325. Verba auf -mi.

(M 1 C 3), plur. 3 *duon* (M 1) *duan* (C 1) *dôt-d* (M 4) *duot* (M 1 C 7) *duat* (M 1).

Optativ. sg. 3 *dóe* (M 1), *due* (M 1), *duo* (C 1) *dua* (C 1). plur. 1. 2. 3 *dóen* (M 1), *duan* (C 3) *duon* (C 1).

Praeteritum indic. sg. 2 *dedos*, sg. 3 *deda*, plur. *dêdun* (M 3, C 5) *dâdun* (M 3, C 6); optativ. sg. 1. 2. 3 *dâdi*, *dâde dêdi* (M einmal C zweimal), plur. *dêdin*.

Imperativ. sg. 2 *dô* (M 3) *duo* (M 1, C 5), plur. 1 (adhortativ in M) *duoian* (C) *duan* plur. 2 *dôt* (M 3) *duad* (M 1) *duot* (C 6).

Partic. part. *gi-dôn* (einmal in M, in Hom.), *-duan* (M 6 immer in C), *-dóen* (M 2 mal). Oxf. gl. *gidânemo*.

3. Die verba *gân* und *stân*.

§ 323. *gân* oder *gên* (s. § 36) erscheint nur vereinzelt neben *gangan* im infinitiv. praesens 3. sg. und partic. prs. Es findet sich in *fulgân* (C *fulgangan*), *beyân* (Homilia), *ingân insethalgân* (Prud. gl. Freck. H.) *begêd* (Hom.), *in te gânde*.

§ 324. Neben *standan* findet sich *stân* in C 4870 *stann*, 2196 *gistân*, Mers. gl. *stân*. Praes. ind. 2 sg. *stês* (zweimal nur in C), sg. 3 *stêd*, *stêď*, *stêt* (in C immer, in M 5 mal), *stâd* (M 8 mal) *steid* (M 4349); plur. 3. *stât* (C) *stâd* (M).

Anm. Bremer Beitr. XI, 41 ff. schreibt dieses *ê* neben *â* einem vorhistorischen wechsel zwischen *â* und *ê* innerhalb der flexion zu; Kluge Grundriss I 349 betrachtet das *ê* als in der 3en pers. durch kontraktion von *a* und *i* entstanden: *gêd*, *stêd* aus *gaid*, *staid*.

4. Das verbum wollen.

§ 325. Zum alten optativ mit indicativischer bedeutung ist ein neuer optativ und imperativ gebildet, während das praeteritum der schwachen flexion folgt.

Praesens.

Indicativ.

Sg. 1. williu (M 13 C 8) willeo (M 4, C 3, Prud. gl.), welliu (C 8) welleo (C 1) wellu (C 1) wellia (C 1).
2. wili (C 11, M 11), willi (C M 1) wil (C 1), wilt (C 1 M 2) willd (C 1).

§ 325. Verba auf -mi.

      3.   wili (C 23 M 31) wil (C 7, M 3), will (C 3), wilit (C 1).
Plur. 1. 2. 3. williad (C 4 M 30), williat (C 25) wellat (C 1) welleant (C 1).

          Optativ.

Sg. 1.   willie.
      2.   willies (M) wellies (C) willias (Conf. Prud. gl.)
      3.   willie (C 3, M 6), wellie (C 2) welle (C 1).
Plur. 1. 2. 3. willean (C 3 M 5) wellean (C 2).

          Imperativ.

Plur. 2.   williad (M) welleat (C).

          Participium.

          willeandi (C 1, M 1) williendi (M 3) willendi (C 2) willandi (C 1).

          Praeteritum.
        Indicativ.

Sg. 1. 3. welda, -e (C 22, M 41) walda (C 1) wolda (C 16 M 1).
      2.   weldes (M) weldas (C).
Plur. 1. 2. 3. weldun (C 29 M 33) woldun (C 7, M 1).

          Optativ.

Sg. 1. 2. 3. weldi (C 19 M 22) woldi (C 3, M 1) weld (M 1).
Plur. 1. 2. 3. weldin.

Zusätze und verbesserungen.

s. 2 § 3 anm. 1 hinzuzufügen ist: H. Jellinghaus Der Heliand und die niederländischen Volksdialekte, Jahrbuch des Vereins f. ndd. Spracht. XV, 61, dagegen Jostes zum Heliand, Hist. Jahrb. IV, 76 der, wie R. Kögel Grundriss II, 200, Werden für die heimat des Heliand hält.

s. 3. Homeliae l. Homiliae.

s. 9 § 20. Anm. 1. Hinzuzufügen: s. § 314.

s. 10 § 29 *geban* l. *gebān*.

s. 11 § 29 anm. 5 vgl. auch § 116.

s. 13 § 32 anm. 1 hinzuzufügen *kerika* neben *kirica*

s. 14 § 33 anm. 1 vorl. zeile *hlåttar* muss gestrichen werden.

» » » » » 2 In *baruurdig* etc. ging das aus ŗ entwickelte *u* nicht in *o* über, da *i* folgte, einmal steht durch einfluss von *word o* in *énuuordi*.

s. 15 § 36 zu *begêd* füge hinzu. s. § 324 anm., vgl. Bremer Beitr. XI, 41 ff, dagegen Kluge Grundriss I, 349.

s. 15 v. u. *aband* l. *abánd*.

s. 16 § 37 *bierswin* gehört in § 41. § 37 anm. Das *e* in *feng* etc. l. Das *ė* in *feng*, *fell*, u. a. kann schon im as. kurz gewesen sein; vgl. Beitr. I, 506 und G. Holz Urgerm. *ė* Leipzig 1890.

s. 17 § 40 *dûba* l. *dûba*.

s. 18 § 43 *bággebo* l. *bággebo*.

s. 20 § 48 anm. 3 aus *i+u*, l. aus *i+û*.

s. 22 § 55 zu *bindađ* hinzuzufügen: das *đ* statt *d* ist wohl dem einfluss der 2. pers. plur. zuzuschreiben.

s. 22 § 58 *ô* (idg. *â*) l. *ô* (idg *â* und *ô*)

s. 25 § 69 zeile 11 v. u. *nadara, ettaraga* l. *nâdara, ėttaraga* (vielleicht ist *ė* schon as. verkürzt vor *tt*, wie im ndd.)

s. 26 e. z. *gagal* l. *gâgal* vgl. Beitr. XI, 550.

fereuelhed l. *ferevelhéd*.

s. 27 § 72 1) b. *radislo* l. *râdislo*.

óbastlico l. *obastlico*.

s. 30 § 84 zu streichen: ähnlich auch *o* zu *u* in *hrêncorn* und *hrênkurni*.

s. 31 § 85. Die weichen (stimmhaften) spiranten *đ, ƀ, j, z;* statt *j* lies ȝ.

s. 31 § 85 vgl. Brugmann Grundriss I, 383 ff.

s. 32 § 88 *suin* u. a. l. *suin* u. a. — *uarhede* l. *uârhéde*.

s. 89 *wônon* l. *wonon*, — *hwe* l. *hwê*.

s. 35 § 99 zeile 9 v. u. *bium* l. *bium*.

s. 36 § 104 *wapnon* l. *wâpnon*.

s. 37 § 107ᵃ *nauuger* l. *nauugêr*.

s. 38 zeile 8 v. u. *swelifi* l. *twelifi*.

s. 39 § 111 z. 15 v. u. *biuatlau* l. *biuallan*.
» » » 112 z. 8 v. u. *ehaft, ferkoft, nodhurt* l. *êhaft, ferkôft, nôdthurt*.
s. 40 § 115 *spraca* l. *sprâca*.
» » Anm. 1. zahlreiche *c* vor *a*, *u* und in beiden hss. l. zahlreiche *c* vor *a*, *u* und *o* in beiden hss.
s. 41. Anm. 2 z. 2 *bârliko* l. *burliko*, — z. 14 v. u. *broka* l. *brôka*.
s. 42 § 122 *utihalad* l. *ûtihalad*, — *giwostid* l. *giwôstid*.
s. 45 z. 14 v. u. *hritaution* l. *hritanthion*; — z. 13 v. u. *utslaha* l. *ûtslaha*; — z. 3 v. u. *utsla, utslaha* l. *ûtslâ, ûtslaha*.
s. 46. § 132ᵇ *thisla... thisle* l. *thisla,... thisle*.
s. 47 § 135 *hluttran, hluttru* M 837 aber *hlutru*, l. *hlûttran, hlûttru*, M 837 aber *hlûtru*.
s. 48 § 139 anm. 1. *hritanthion* (i. e. *writandion*) l. *hrîtanthion* (i. e. *wrîtandion*); — *odes* l. *ôdes*; — *arbüdlon* l. *arbüdlôn*; — *inwidspraca* l. *inwidsprâca*.
s. 48 Anm. 2. So auch nach der stimmlosen spirans *f* und nach *s* in otc. lies: Nach der stimmlosen spirans *f* und nach *s* blieb *t* in Freck. Heb. *ellefta*, Ess. Heb. *fifte*, Werd. Heb. *vifthe, fibta, sehsto*, etc. In *gilôbistu* entstand *t* aus *th*.
s. 49 z. 8 v. u. fur l. für.
s. 52 z. 2 v. u. zu l. zur.
s. 56 z. 17 v. u. *prêstar* priest l. *prêstar* priester.
s. 57 z. 4 v. u. soller l. söller; — z. 2 v. u. taufer l. täufer.
s. 60 § 169 glücksaligkeit l. glückseligkeit.
s. 61 § 171 *skêdia* l. *skêðia*; — § 172 vaston l. fasten.
s. 62 § 176 *blôdi* l. *blôði*.
s. 66 z. 3 v. u. gedanken l. gedanke.
s. 69 z. 3 v. u. *threslsa* l. *thrchsla*.
» » § 195 vorganger l. vorgänger.
s. 70 § 197 *kerika* l. *kirica* (*kerika*); — *specca* l. *spêca*; — *thrûfa* l. *drûfa* (hs. *thrûfa*).
s. 71 z. 4 v. u. zoine l. zeile.
s. 82 z. 3 v. o. *sibunda* l. *siðunda*; § 238 l. *sibun, sibuntig*.
s. 87 § 250 d) so l. *sô*; g) l. *sô, mi, êgan*.
s. 90 § 259 haufig l. häuflg.
s. 91 z. 1 v. o. *chabi* l. C *habi*; § 265 2º pers. *slit: l. sliti, sniði*.
s. 92 § 266 swachen l. schwachen.
s. 93 § 268 praeses suffix l. praesens-suffix.
s. 97 § 279 a. 3 *gtvan* l. *givan*.
s. 98 § 281 a. 1 malen l. mahlen.
s. 104 *utbôsmian, utflôtian* l. *ûtbôsmian, ûtflôtian*; *wlôtan* (vielleicht *vlotan* zu lesen) gehört nicht hierher.
s. 108 *scoton* gehört in § 305.

Lightning Source UK Ltd.
Milton Keynes UK
UKHW021312020922
408223UK00002B/369